RESPECT
男の子が
知っておきたい
セックスのすべて

インティ・シャベス・ペレス 著

みっつん 訳

重見大介 医療監修

現 代 書 館

RESPECT

男の子が

知っておきたい

セックスのすべて

The cost of this translation was defrayed by a subsidy from the Swedish Arts Council, gratefully acknowledged.

本書はスウェーデン・アーツ・カウンシルの翻訳助成を受けて刊行されました。心より感謝申し上げます。

目　　次

「1 自分のこと」
「2 女の子のこと」
「10 こころとからだ」
の章に性器のイラストが
掲載されています。

［凡例］

翻訳はスウェーデン版の『RESPEKT』を底本とし、適宜英語版『RESPECT』も参照しました。

性犯罪にかんする刑法などスウェーデンと日本で事情が異なる部分があるため、

日本の状況については同ページ内に訳註で補足しています。

本文中の［　　］は訳者による補足です。

✷は原註（著者によるオリジナル版の註釈）、★は訳註（訳者による註釈）です。

この本の刊行にあたり、助言してくれたみなさんに、心より感謝申し上げます。

サンドラ・ダレーン
ミーナ・ヤーレダール
ヨハンナ・ヘードルンド
ヒルダ・ヤーコブソン
バリス・カイハン
モア・ケスキカンガス
ルイス・リネオ

そして、この本のために話を聞かせてくれたみなさんにも、感謝しています。登場人物はほぼ仮名になっています。そしてRFSU（スウェーデン性教育協会）、RFSL UNGDOM（スウェーデン全国青年HBTQI連盟）、そしてRFSL（スウェーデンHBTQI連盟）にも御礼申し上げます。

はじめに、いちばん大切なこと

　ぼくは時どき、学校でセックスについて教えている。そのとき、どうしたらお互いに気持ちいいセックスができるかを、よく男の子たちに聞かれるんだ。それに対してぼくは、リスペクト、つまり相手を尊重する気持ちがいいセックスと愛の基本だ、と答えている。リスペクトを込めて相手と向き合えば、お互い納得できるセックスになり、ふたりとも楽しむことができる。

　そんなセックスをどうやって実践するか、それをこの本で知ることができるってわけだ。

　この本は、主に10代の男の子向けに書いた。10代っていうのは、さまざまな経験に触れることのできる長い期間だ。まだキスをしたことのない人、初体験をすませた人、どちらが読んでも役立つようにこの本を世に出したんだ。もし途中で、これは自分にはまだ早すぎると感じたら、そこは飛ばしてくれていい。必要なときがきたら、またページをめくればいいんだから。

　みんなの愛とセックスに、グッドラック！

インティ

1

自分のこと

Y O U

パンツの中のこと

「ぼくのチンコってふつう？」

「ぼくのチンコ（ペニス）★1ってふつうなの？」。これ、ほとんどの男の子の頭に浮かぶ質問。みんな、自分のモノを毎日見るし、学校の水泳の着替えのときにはちらりと隣のヤツと見比べちゃう。そして不安になるんだ、自分のモノは変なんじゃないかって。でもそれはあながち間違ってない──みんなのチンコは変なんだ。だってひとつとして同じ形のものはないんだから。

たいてい、自分のチンコは大丈夫だってわかると、安心することが多い。でも、もしきみが自分のチンコのことで悩んでいるんだったら、泌尿器科や小児科を訪ねて専門家に見てもらうこともできる。とりあえずここでは、手始めに健康なチンコがどんなものかざっと見ていこう。

チンコチェック

まずは、パンツをおろして生殖器を見ていこう。最初はペニスだ。もしきみが割礼★2されていなければ、亀頭は包皮で覆われている。でも皮がどれぐらいあるかは人によって違って、ゾウの鼻みたいに先っぽまで覆われている人もいる。その一方で、短めの包皮の人もいて、亀頭の先っぽが顔を覗かせていることもある。でも、その長さの違いは気に留めるほどのものじゃない。

たまにその包皮がキツくて、剥くときに痛みを伴う人もいる。そういったときは、医者に診てもらったほうがいいかもしれない。自分で剥くのが難しい人は、年齢的にまだ成長途中なのかもしれないけれど、そうじゃないときは専用のクリームの助けを借りる必要がある。

★1　原書では男性器に対してpenisのほかにkuk（英語版はdick）という言葉も使われている。厳密な使い分けをしているわけではないが、前者を「ペニス」、後者を「チンコ」と訳した。
★2　宗教などの理由により包皮または陰核を切り開くならわし。

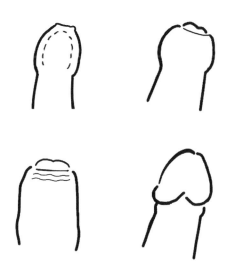

包皮の状態は人それぞれ。
完全に覆われているチンコもあれば、亀頭が露出しているチンコもある。

　ここで、あの"スイッチ"が入ったときのことをちょっと思い出してほしい。血液が下のほうへ流れていって、ペニスも長くなって膨らみはじめ、硬く上向きになり、あったかくなってくる。色も赤っぽく変化するかもしれない。

　勃起したチンコを手で握ったとき、亀頭に近いほう（人差し指のあたり）と、上側（お腹に近い側面）がいちばん硬くなってるだろう。それに比べて、下側と亀頭は少しやわらかい。そこは尿道が通っていて、ぎゅっと締めつけないようになっているからだ。一方、睾丸と肛門のあいだの会陰と呼ばれるあたりは、勃起中に硬くなっているのが指で触るとわかると思う。

　自分の勃起した状態を見ると、曲がっていたり角度がついてることに気づくと思う。太さだって均等じゃない。完璧に真っ直ぐで均等なペニスなんて存在しないんだ。もちろん柔らかい状態でもね。ちなみにその昔、オーダーメイドのスーツをつくるとき、ズボンはそのポジションに合わせて仕立てられていたんだ。仕立て屋さんは、ジェントルマンに"どっち向き"

か、つまり、チンコが右側にあるのか左側にあるのかを聞いて、ズボンを仕立てていたんだ。

　亀頭の傘みたいに張り出した部分、尿道口と陰茎小帯（俗にいう裏スジだ）のあたりに、白っぽいブツブツが見えることがある。これは大半の男性に見られるもの。このイボは思春期のころによく見られ、真珠様陰茎小丘疹と呼ばれている。それに気づくと、STI（性感染症）★3なんじゃないかって、不安になる人も多い。そのブツブツは薬やボディソープで落とせるものじゃないけど、そのままでも無害だから大丈夫だ。

変わった皮

　もしきみが、毎日ハンバーガーとフライドポテトを食べ続けたとする。すると、たとえばの話、きみの太ももは脂肪を溜めて太くなっていくだろう。だけど、きみのチンコはそれ以上太くなることはない、なぜならチンコの皮には皮下脂肪の層がないからなんだ。

　チンコの皮膚は皮下脂肪の組織がないことで、皮の下にあるものが見えやすい。静脈がはっきり見えるのがいい例だ。それ以外にも小さなブツブツが見えるけど、それらは毛穴か皮脂腺といって、皮膚を保護するためのものだ。

　チンコは他のからだの部位より多くの色素が集まっているから、色が濃く見えることが多い。色素は均等に広がっているわけではなく、まだらに見えることもある。

　チンコの皮膚には、亀頭の裏から伸びる長い筋のようなものが、ペニスの裏側、そして会陰を通り肛門まで続いている。この筋の見え方は人によってまちまちで、ほとんど見えない人もいる。これはきみがお腹の中にいたころ、生殖器がぜんぶつながっていたときの跡だ。

★3　sexually transmitted infectionsの略。STD（sexually transmitted disease）という表現もあるが、WHOでは発症していない感染も含むSTIの使用を推奨している。

亀頭の裏スジが短い場合、それが引っ張られて傷つき出血する場合が
ある。ちょっとこわい感じもするけど、そんなに危険なことじゃない。
もしきみがそうなったら、医者に診てもらうことをおすすめするよ。

動く睾丸

　立ち上がってみると、ふたつある睾丸のうち、片方が少し大きめで下に
垂れ下がっているのがわかるはずだ。高さが違うところにぶら下がること
で、お互いにぶつかったりこすれ合ったりすることを防げる。2頭の雄牛
が全速力で頭を突き合わせているのを想像してみて。ふたつの睾丸がそん
なふうになっちゃ大変だろ?

　陰嚢、つまりタマを包む袋は、精子をつくり出す睾丸を最適な温度に調
節する役割がある。あったかければ垂れ下がってくるし、冷たい風が当た
ったら縮んでいく。

　ちなみに、きみがまだ子宮の中にいたときは睾丸は体内にある別々のポ
ケットに収まっていたんだけど、たまにそのポケットにこっそり戻っちゃ
うことがある。実際そのポケットはそんなに大きくないから、痛みを感じ
るだろうけど、しばらくすれば自然と下がってくる。また、睾丸を優しく
触ってみると、弾力のあるスパゲッティみたいなものがあるのに気づくか
もしれない。それは精巣上体と呼ばれ、精子はここで成長し、からだか
ら放出されるまで保存される。

精液はミックスジュース

　きみがマスターベーションを始めてすぐかちょっとあとか、まぁタイミ
ングはいろいろだけど、尿道から透明な液体が垂れてくると思う。この液

体はガマン汁なんて呼ばれていて、尿道をきれいにする役割があり、量は
その都度違ってくるし、個人差もある。イク直前になって出てくることも
あれば、勃起してすぐに出てくることもあるって感じ。

　マスターベーションをしていると、その気持ちよさはもう我慢できない
くらいにどんどん膨らんでいって、やがてオーガズム（イク瞬間）がやって
くる。なにかから解放されたような気分で、最高の快感がからだ全体を包
むだろう。そして、通常はオーガズムに達すると射精にいたるけど、毎回
必ずってわけじゃない。ラストスパートのころには筋肉がこわばり、精液
が一気に噴出する。精液の量はふつう小さじ1〜2杯分ぐらいだけれど、
その量は毎回違うし、射精までの時間が長ければ量が増えることもある。

　ちなみに精液というのは、からだ中のいろんなところから集まった液体
がミックスされたもの。教科書なんかでよく出てくるオタマジャクシみた
いな精子は、そのミックスジュースの中を泳ぎまわっているわけだけど、
あいつらは精液全体のほんの数百分の1にすぎない。

いちばん早く卵子に到達した精子が、受精できるわけじゃない。卵子
のまわりにくっついた他の精子たちは一緒に協力して殻を突き破ろう
とする。そしてそのうちのひとつだけが、卵子の中にまで泳いでいっ
て、結合できるんだ。

　ある男の子がこんなことを話してきた。彼の精液は普段白いんだけど、
あるときセックスをしたら、まるで水のように透明な精液が出てきたって。
そんなのは一度きりで、そのあとはまたいつものように乳白色に戻ったら
しい。これは、精液をつくるいろんな液体の割合がその時によって変わる
からなんだ。これぐらいの変化はなんの心配もいらない。

　射精の直後、すぐにおしっこをしたくなる人もいるかもしれない。これ

は、尿道に残った精液をきれいさっぱり流すためのからだの反射作用だ。

男のGスポット

　精液の主な成分のひとつは、前立腺でつくられる前立腺液だ。この物質の影響で、たとえばお湯や水の中に射精すると固まって塊になる場合がある。精子はこの前立腺液なしでは女の子の中で長く生きられないから、いつか父親になりたいと思う人にとってはとても重要になってくる。前立腺はからだの敏感な部分でもあり、男のGスポット★4って呼ばれたりもする。たとえばここを指で刺激してやると、それだけでオーガズムを迎えることだってできる。

　前立腺はクルミぐらいの大きさ。直接それを見ることはできないけれど、指で感じることはできる。直腸に指を数センチほど入れると、丸いでっぱりがあるのがわかるはずだ〔爪で傷つけたり、痛みを伴ったりするので慎重に行なうこと〕。

エクササイズ：自分のからだのことを知ろう

　このエクササイズには、大きな鏡と小さな手鏡が必要だ。

　まずは、手鏡を大きい鏡に向け、合わせ鏡のようにして、自分のからだが360度見えるようにする。いろんな角度から自分のからだを眺めると、どう見える？

　どこに毛が生えているのか。生まれつきのアザやほくろ、急な成長でからだの皮膚が引っ張られてできたスジもあるかもしれない。勃起した角度は、横から見たときどんな感じ？

★4　前立腺（prostate）は敏感な部分でもあり、「Pスポット」と呼ばれることもある。

前立腺を指で押すと、すごく感じることもあるけれど、同時にその前立腺が隣の膀胱を圧迫するから、おしっこをしたくなったりもする。

あるとき学校で講演中、この前立腺について話したところ、ある男の子が「きもーっ！」って叫んだんだ。

「前立腺の話になにか問題でもあった？」ってぼくが尋ねると彼はこう答えたんだ。

「それはゲイの話だ、そんな話すんなよ！」

だからぼくはこう返した。

「でも、ほとんどの男性に前立腺はあるんだよ。もし、きみが前立腺で気持ちよくなるのはゲイだけだと言うなら、男性はみんなゲイってことになる。そう言いたいのかい？」

確かに前立腺に触れるためには肛門を経由する必要があるわけで、恥ずかしいと思う人もいるだろう。だけど、前立腺がどんな役割かを知り理解することができれば、素晴らしい快感を得られる部分になるんだ。

理由なき勃起

誰しも、不意に勃起してしまうときがある。誰かとしゃべっているときとか、もしかしたらビーチで海パン一丁のときかもしれない。ただ、勃起というのは基本的に自分でコントロールできないものだし、必ずしも性的興奮が原因というわけではない。たとえば、ちゃんと機能するかをチェックするために、脳がその指令を出して勃起させたりもする。もし勃起をすぐに抑えたいのなら、そのことを考えないほうがいい。逆に悲しいことや難しいことを考えるんだ。たとえば戦争について思案するとか、99 × 12を計算するとかね。

あと、チンコになにかが触れたとき、それだけで勃起してしまうこともある。たとえば、電車に揺られて、ズボンや脚でこすれてしまうときとか。おしっこが溜まった膀胱に圧迫されて神経が刺激され、勃起してしまう朝

もある。

「特別セール！ バイアグラ！！」こんなふうに勃起を促す薬の広告が、ネット上によく出てくる。若者には必要ないだろうけどね。ただ、インターネット上で売られている薬には、健康を害する可能性がある。もしきみが本当に勃起に関する問題や悩みを抱えているのなら、専門の病院を受診することをおすすめする。

　ぼくの友達のひとりにこんなことを聞かれたよ。「彼氏が寝てるときにたまに勃起してるんだけど、それってセックスとかなにかエッチな夢でも見てるの？」って。

　それについては、睡眠中は特定の時間に、からだがリラックスして、チンコを硬くする組織につながる弁（蓋）が開いて血液が流れ込み、勃起することがあるって説明した。セックスの夢とはなんの関係もないってね。

　「それならよかった。だって、自分以外の誰かとセックスしてる夢を見てたりしたら嫌だから」ってその友達は笑ってたよ。

　勃起についてのよく聞く間違った噂はまだある。女性を好きな男性が、女性ホルモンが含まれる避妊薬を飲むと、数日間続けて勃起するってこと。そんなことをしなくても、男性の体内にはもともと少量の女性ホルモンがある。だからそういった薬が勃起を引き起こす効果なんてまったくない。自分に処方されていない薬を飲むことはやめよう。それによってどんな副作用が起きるかきみは知る由もないんだから。

清潔を保つ秘訣

　皮が先端までかぶっている場合、亀頭が常に湿っていることに気づいた

人もいるかもしれない。その湿り気は乾燥に弱い敏感な亀頭を守るための
もの。

　もしきみが割礼を受けていたら、亀頭はすでに（革のように）硬くなって
いて、その湿り気がなくても、さほど傷つきやすくないから問題ないだろ
う。その水分が溜まっていくと、恥垢（ちこう）と呼ばれる白いものに変化する。俗
にいう「チンカス」ってやつだ。だから、包皮の中まできちんと洗って清
潔にするのがいい。洗うときには包皮をきちんとめくり、温かいお湯で洗
おう。ただ、石鹸でゴシゴシこすりすぎると皮膚を乾燥させてしまうので
気をつけよう。それによって白癬（はくせん）と呼ばれるかゆみを伴う真菌感染症（しんきんかんせんしょう）を引
き起こす可能性もある。また、チンコはもともとニオうものだから、無理
に落とそうと洗いすぎないように。

チンコ＝オトコ？

　生まれたときにチンコがついていたからといって、必ずしも自分を男だ
と思うわけじゃない。自分は女の子だと感じたり、どちらの性別にも属さ
ないと感じたりするかもしれない。こういう人をトランスジェンダー★5
やノンバイナリー★6 と表現したりする。

　「トランスジェンダーとかいうのが流行ってるね」なんて一部の大人が話
すのを聞いたことがある。けど、それは大間違いだ。他人から自分が感じ
ているのとは違う性別で扱われるとき、存在を完全に無視されているよう
な気分になる人もいる。たとえば、自分のことを男だと思っていないのに、
男の子向けのこの本を読めと渡されてしまうとかね。

　こころの健康のために大切なのは、そのまわりにいる家族や教師、そし
て友達が、人それぞれのジェンダー・アイデンティティ★7 を尊重し接す
ることだ。その人が希望する名前や代名詞（彼、彼女、あの人・あの子）で
呼ぶとかね。

　自分のことを、はじめからすべてわかっている人なんてひとりもいない。

★5　出生時にわりあてられた性別とは異なる性別を生きる人。
★6　ジェンダー・アイデンティティが男女どちらかにだけ限定しない人。Xジェンダーとも呼ばれる。
★7　性同一性。社会的、時間的に自分が同じ性別であるという連続した感覚のこと。その程度は人に
よって強弱がある。

トランスジェンダーかシスジェンダー★8かにかかわらずね。きみが人生においていろんなことに挑戦していくうちに、自分が何者なのかを発見していくことになる。違う名前や、違う敬称（くん、さん、ちゃん）で呼んでもらったり、いろんなタイプの服を試したりすることで、なにがいちばんしっくりするのかがわかってくるんだ。

ルックス

　きみは鏡の前に立って、からだをひねってみたり、腹筋に力を入れたりしながらこんなことを考えたことはないかい？「このからだ、ヤバイかな？」って。シャツを変えてみたり、髪にワックスをつけてセットしたり、それでもやっぱり自分の見た目に自信がもてなかったり。

　それは誰もが通る道。どんなイケメンやモテ男だって自分の見た目に満足せず、鏡の前に立ち、ため息をついているものだ。自分の見た目について、あれこれ考えてしまうのは、きみの自尊心による──つまり、どれだけ自信があるのか、どれだけ自分を好きでいられるかで変わってくるんだ。自分の人生自体がハッピーだと思えなければ、きみの見た目がどんなによかろうが、鏡に映った自分に満足することはない。

　ただし、その自尊心とやらをもてば、いきなりニキビが消えて完璧な髪型になるって言ってるわけじゃない。きみの見た目は変わらないさ。じゃあ、なにが変わるのかって？　自分の姿に対するきみの見方だ。

　自分の見た目について厳しくジャッジしないほうがいい。鏡に映る自分を見ると、嫌いなところばかりに目をやる時間が多いかもしれないけど、思った以上にまわりの人は悪いと思っていないんだ。きみが最悪で恥ずかしいと思っている欠点も、他の人にしてみれば全然気にならなかったり、むしろそこが魅力的だと思っていたりするかもしれないしね。

★8　出生時にわりあてられた性別と同じジェンダー・アイデンティティをもつ人。

スーパーモデルとスーパーヒーロー

　いまだ男性俳優が主役を張ることの多い映画の世界、いろんな男性が登場して、自分の姿と比べることもあるだろう。でも、たくさんの男性俳優がいるにもかかわらず、みんな似たり寄ったりだったりする。主役の男性俳優はそのほとんどが、筋肉質で背が高く、燃え盛る建物から子どもを救い出し、クリップとガムで爆弾の起動装置をリセット。比べる対象として最高すぎると思わない？

　テレビや広告に出てくる人たちを自分の比較対象にするのは意味ないことだ。彼らは見た目をよくすることも、仕事のひとつとしてやってる。パーソナルトレーナーやスタイリストがついて、メイクだってあたりまえだし、美容整形してることも珍しくない。場合によっては、その姿や声だってデジタル加工されてることもある。

　あんなのは一般人にとって比較対象にならないよ！

　16歳から29歳の人で、自分のからだや見た目に満足しているのは、半数だけである。この割合は、いかに自分たちが別世界の人間と比べてしまいがちかを示している。[1]

　みんながみんな同じような見た目や言動をしたほうがいいって感じてしまうのは、個人的には残念なことだと思う。誰もがひとりひとり違うオリジナルな存在なんだから、かけがえのない自分を抱きしめてあげよう。自分らしさを探し当て、オリジナルの人生を送りはじめれば、鏡に映るその姿を好きになれるし、まわりの人はそんなきみに自然と惹かれていくだろう。

＊1　The Swedish Agency for Youth and Civil Society, *Unga Med Attityd 2007* (Stockhom: The Swedish Agency for Youth and Civil Society, 2007), 46–47. スウェーデン青少年市民社会庁「青年の動向 2007」

見た目がよくなきゃセックスできない？

　ここでぼく自身が数年前に、恥ずかしいことだと思っていた話をしよう。今思えば、なんてことなかったんだけどね。

　中学生活も終わりを迎えるころ、他の子と同じようにぼくにもニキビがあった、っていうかみんなよりひどかった。背中にたくさんのブツブツができて、それは小さな黒い跡となり背中全体に残ってしまった。その背中のニキビ跡はぼくにとってTシャツで隠さなければならない秘密。誰にも上半身裸の姿を絶対に見られたくなかったし、セックスに不安を抱くようになった。そのときがきて、ぼくの背中に広がった汚いブツブツを相手が見たらどんなリアクションをするだろう？　ぼくのからだは、セックスするだけの資格があるんだろうか？

　でもその後、ぼくはセックスをするようになった。そして気づいたんだ。セックスは思ってたのと全然違う、セックスっていうのは特別クールにすますものじゃないって。汗だくになって息を切らすことがほとんどだ。セックスは自慢の筋肉を見せつけたり、セクシーさをアピールするものでもない。セックスとは、ふたりの人間が一緒になり、ふたつのからだを知り合っていく作業だ。ニキビやパサついた髪、貧弱な腕や背中のニキビなんて実際には重要なことじゃない。

チンコのサイズ

　男子更衣室の中に足を踏み入れたことがある人なら、みんながあのサイズにとりつかれてるってことは知っているだろう。そうなるのは13歳の若者だけじゃないんだ。極太ソーセージへの憧れは何歳になっても尽きることがない。ぼくが18歳のときのこと、自分のサイズが何センチか知ら

ないと友達に言ったら、とても驚かれた。

「お前、計ったことないの！」と叫び、ぼくのために定規を慌ててとりに いった。今まで見た中でいちばん大きなチンコは、ヘテロ（異性愛者）向け のAVだった。女好きな男が見るやつね。にもかかわらず、男優のチンコ がどれもデカいってことは、多くの男性はその大きさのとりこになってい るってことかもしれない。この世界では、大きなチンコは男らしさと性的 な力のシンボルなのだ。

セックスにおいてやけに重要な役割を期待されているチンコ、それゆえ 多くの人が、デカいチンコがあればセックスもうまいんだろう、と思い込 んでいる。でも、チンコの大きさがセックスの良し悪しに関わるとは限ら ない。

性交と短小の関係

「もし女の子に挿入して、その子がなんにも感じなかったらどうしよ う？」、そんなふうに聞いてきたヤツがいた。

「まさか！」とぼくは答えた。

たとえ、勃起したチンコが小指ほどだったとしても、腟や直腸は感じと ることができる。小さすぎて存在を感じないチンコなんてない。それに、 腟の入り口数センチがいちばん敏感なところ。奥に入れば入るほど、その 感覚は鈍くなっていくもの。つまり、もしきみのチンコが短くても、大し たことではないってことさ。

それでもなお、多くの男性はサイズの呪いにかかってる。これは、多く の人たちがセックスについて間違ったイメージをもっているからだ。たと えば、穴があるんだから、その穴を埋めなければいけないとかね。けど現 実は違う。

腟も肛門括約筋も、性的に興奮状態にないときは収縮し硬い状態にある。 この状態で指を挿入しようと思うと痛みが生じてしまう。しかし、興奮状

態となり穴のまわりを指でウォームアップしてあげると、腟も括約筋もリラックスして広がるようになる。そのときだけ、チンコを挿入できるんだ。

　腟も括約筋も実際にはもっと広がるものだ。腟からは赤ちゃんが生まれてくるぐらいだからね。このことから、腟も肛門括約筋もその状況に合わせて柔軟に変化できるものだとわかるだろう。つまり、セックスするのに小さすぎるチンコなんてないんだ。

平均って何センチ？

　多くの男性が自分のチンコと比べるために、他の人の大きさがどれくらいか知りたがる。個人的には、そんな比較には意味がないと思っている。サイズはセックスに影響しないんだからね。だけど、あまりにもよく聞かれる質問だから、ここで説明しておこう。

　ぼくが読んだ論文によると、勃起時のチンコの平均サイズは13センチということだ。ちなみにその研究は成人男性のデータに基づいているから、きみがもしまだ10代なら、この数字と自分のモノを比べるのはおすすめしないよ。

　もし自分のチンコの大きさがどれぐらいか言ってくるヤツがいたら、その数字は信じないほうがいい。研究によると、男性ってのは自分のチンコのサイズを何センチか大きく見積もって人に伝える癖があるらしい。研究者がその後彼らのチンコを実際にメジャーで測って、自称サイズと比べて確認したんだってさ。

　チンコのサイズは柔らかいときほど個人差が大きいものだ。たとえば更衣室なんかで他の人と比べたときとかね。なぜかと言うと、勃起していな

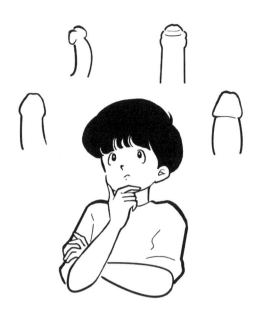

い状態のチンコには、その状況に応じて含まれる血液の量に差があるからだ。つまり、ふたつのチンコを比較する場合、勃起状態だとサイズの差が少なくなる。

薬と手術

　インターネットでセックスに関する掲示板なんかを見ていると、どうやったらチンコを大きくできるのかという質問を目にすることがある。その質問に対するぼくの答えは「できない」だ。少なくとも、安全で効果的な方法はない。

　そういった薬はネット上の広告なんかで見かけるかもしれないけど、試す価値すらない。ちょっと考えてみてほしい。もし、本当に効果がある薬だとしたら、テレビとか大きな媒体で広告を出して、もっとたくさんの人

に買ってもらおうとするんじゃないかい？ チンコを大きくする薬なんて
ない。ネット上で宣伝されているような薬は、最悪の場合、からだに悪影
響を及ぼすこともある。ビタミン剤が届けばまだラッキーかも……とても
高価なビタミン剤になるけどね。

　それからネット上では、チンコを増大するための器具なんかも売ってる
よね。ああいうものはチンコを大きくするのにまったく効果がないどころ
か、勃起時に血液を充填させチンコを硬くする海綿体にダメージを与える
可能性だってある。

　外科手術に関しても、あまりすすめたくない。術後、なんらかのダメー
ジを与えることも少なくないし、インポテンツ（勃起不全）を引き起こす
こともある。長さを伸ばす長茎術に関しても、数センチ伸ばしたところで、
手術の傷が癒えるにつれてもとに戻ってしまう傾向が高い。

　チンコのサイズが不安な人にとって、安全で長期間続けられる唯一の解
決方法は、自分に自信をもつこと、つまり自分は愛される存在であり、人
に悦びを与えられる人間だと信じること。そうすれば、自分自身ありのま
まの姿で幸せを感じ、チンコのサイズにわずらわされることはなくなるは
ずだ。

ムラムラすること

　ヨハンは18歳の高校生。彼が言うには、「中学生のときほどムラムラし
なくなったなぁ。もちろん今でもムラムラするけど、あのころは常に発情
してるサルみたいだったよ」。

　彼は自分のムラムラ期のことを、人生における一時の通過点のように語
った。

　「ムラムラすると、数学の方程式どころじゃない。完全にあの状態にな

っちゃったら、トイレに行くことで頭がいっぱい。もう緊急事態さ。それ
は他の友達も同じだったって言ってたよ。ぼくと同じようにすぐにトイ
レでヌイていたかは知らないけど、きっとあいつらもそうしてたはずさ」

　でも、それですむ話ではなかった。ヨハンはこんなことも言っていた。

　「こんなにムラムラするなんて病気かと思ってた。あるときは１日に４回、
痛くなるほどオナニーしたのに、それでもまたしなきゃいけなかった。自
分はなにかおかしいんじゃないかって」

恥じることはない

　こんなふうにティーンエージャーがとりわけムラムラするのは、体内の
ホルモン分泌が多くなる時期だからだ。この思春期に溢れ出すホルモンに
はさまざまな役割がある。骨格が成長し、睾丸では精子がつくり出され、
声変わりもする。ムラムラするのはこのホルモンの影響。

　ムラムラしちゃうのはいけないことと思って、それを我慢するのはよく
ない。もちろん、人前で勃起しちゃったり、そんなつもりがないのにムラ
ムラが始まってしまったときは別だけどね。そういうときはこころを落ち
着かせてあまりセクシーなことを考えないようにすれば、いつのまにか落
ち着いてくるはずだ。ぼくが言いたいのは、自分の感情を無理に抑えつけ
るのは、よくないってことさ。

> 　ぼくらの性的関心というのは、幼少期から始まっていることが多い。
> 約半数の男子は10代に入る前にマスターベーションを覚え、多くの
> 子どもたちは友達どうしでなにかしら性的な遊びをするものだ。[2]

　以前、信仰深い家庭で育った男性のインタビューをラジオで聞いたこと

---

[2]　参考文献：Shere Hite, *The Hite Report on Male Sexuality* (New York: Knopf, 1981), 1093–
94. シェア・ハイト著、中尾千鶴監訳『ハイト・リポート　男性版』(中央公論新社、1982年)……[シェ
ア・ハイト(1942-2020)は1976年に『ハイト・リポート〜女性のセクシュアリティに関する全米調査〜』
を発表し、女性の性の実体を明らかにした性教育者、フェミニスト。本書では1981年に発表された男性
版リポートが参考文献として何度も紹介されている]

がある。10代のころ、性的な興奮は悪いことだと教わっていた。彼らはマスターベーションどーるか、セックスについて想像することすら禁止されていて、それを守らなければ地獄行きとなり、その悪い感情は業火で焼かれ続けると教えられていたんだ。もちろん、そんなことあるわけない。しかし、その教えはこころが病むきっかけとなった。ある男性にいたっては、自分はセックス中毒だと思い込むようになってしまった。マスターベーションすらしていないのに！

　もしきみが、性的に興奮してしまって大変ってことがあったら、その気持ちの流れに逆らう必要はないんだ。やりたいときにヌケばいい。そしたら悶々と苦しんでいたことなんて、すぐに忘れちゃうよ。

ムラムラしないときもある

　「男はいつもスケベだっていうイメージがあって、四六時中セックスのことばかり考えてるなんて冗談を言う人が多い。でも、もしまったくセックスしたくないときがあったら、男らしさがたりないってことなのかな？」と話すのは、ヨハンより少し年上のアリだ。

　アリはヨハンと同じような経験があった。性欲が止まらない時期があったし、セックスが大好きだった。でも、ある時期はセックスに全然興味がなくなり、ムラムラすることさえなくなった。アリはこうも続けた。

　「セックスは好きだよ、でも常にそれを求めてるわけじゃない。時にはひと月とかそれ以上、あいだが空くときだってある。かといって、セックスが楽しくなくなったってわけじゃない。ただ欲求がないってだけなんだけど」

　彼はどうやら、男の性欲がなくなったら、なにかおかしいっていうイメージをもってるらしい。その人が病気になったとか、愛が冷めてしまったとか、さらには浮気してるんじゃないかなんて、思ってるんだろうね。

　でも、そういう気分にならないってのは、なにもおかしいことじゃない。

今まで聞いてた音楽が好きじゃなくなったり、友達とワイワイするよりひとりの時間が好きになったりするのと同じようなことなんだ。

ソロセックス

オナニー（マスターベーション）は、自分自身とセックスすること。それは他の誰かとセックスするよりずっとシンプルだ。きみ自身がしたくてたまらないと思ったときに、ひとりで決めて、ひとりでやるもの。自分が気持ちいいスポットを探したり、他の人に触るときはどうやったら気持ちよく感じてもらえるか練習したりできる。

多くの人は、わりと小さいときからオナニーをしている。一方、もっと成長してから始める人もいる。カールは、10歳か11歳のころからオナニーを始めたらしい。

「あれは夏のキャンプのとき。ある年上の男の子が、手を使ってできることを教えてくれたんだ。最初はなんのことかわけがわからなかった。でも、あとでこっそりやってみると、気持ちよかったんだ」

カールはこうも言っていた。大変だったのは家族にバレないようにオナニーすること。彼は自分の部屋があったし、そこでひとりで過ごす時間もあったけれど、思春期にさしかかると精液が出てくるようになり、トイレに駆け込まなければならなくなった。それ以来、部屋にはトイレットペーパーとゴミ箱を用意するようになったんだって。

そしてカールは笑いながらこう付け加えた。「今じゃ自分でゴミ箱を空っぽにするようになったよ、満杯の紙が入ったゴミ箱をママに見られないようにね。そしたら、自分の部屋を責任もって片付けるようになった！って、両親は感心しながら喜んでいたよ」

オナニーはからだに悪い？

若い子たちから時どきこんなことを聞かれる。オナニーするとからだに悪い影響をおよぼすんじゃないかって。オナニーが気持ちよすぎて、逆に不安になるらしい。そんな疑問をもつのも自然なことだ。歴史的に見てもオナニーに関してはとてもおかしな考えがはびこっていたからね。たとえば、オナニーという言葉はもともと、聖書の中に出てくるオナンという男性の名前が由来だ。子どもをつくることなくセックスがしたい！　って思ったがために、神によって殺された男。そんなこと聞いたら、みんなビビっちゃうよな！

> 「少年は後に、無力、神経質、内気な様子をみせ、頭痛や動悸を訴えるようになるかもしれない。それでも少年が自慰をしばしば継続するのなら、その後正気を失い、気が狂ってしまうだろう。」[3]

そしてぼくが知っている今まででいちばん多かった質問は、オナニーをすると精子の質が落ちるんじゃないかってこと。もしかしたらきみも、オナニーのしすぎで無駄に精液を出してしまって、大人になってから子どもをつくりにくくなるかもなんて思っていないかい？　真実はこうだ、オナニーをしようがしまいが、きみは精子を一生つくり続けていく。しかもきみのからだは、古い精子を溜めることもしない。オナニーやセックスをしなかったら、最終的には寝ているあいだに体外に排出することもある。朝起きて、パンツの中が濡れていた経験がある人もいるだろう［日本では夢精と呼ばれている］。

あと、なんでオナニーやセックスのあとでチンコが痛くなるのか疑問に思っている人もいるだろう。これも心配する必要はない。いい時間を過ご

✻3　Robert Baden-Powell, "Continence" from *Scouting for Boys: The Original 1908 Edition* (Oxford: Oxford University Press, 2005), 351.　ロバート・ベーデン＝パウエル「制慾」『スカウティングフォアボーイズ』1908年版

したあとのチンコの神経はちょっと休憩する必要があるってだけのこと。ちょっと放って置いたら、自然に痛みはなくなるはず。でも、すぐにムラムラしてしまって、またオナニーをしても害があるわけじゃない。

オナニーのやり方

　敏感な部分やからだの柔軟性は人それぞれだ。ふたつとして同じからだはない。だからオナニーのやり方だって人によって違っていい。多くの人は同じような方法でやっているかもしれないけど、きみが違う方法を編み出して気持ちいいと思うなら、それも間違いじゃない。ここでは、いくつかの例を紹介しよう。

手

　まずは手のひら全体でチンコを包む。もし包皮があるのなら、それを使って上下に動かし亀頭を含めたチンコ全体をピストン運動させる。もし割礼を受けていて皮が少なかったとしても同じ動きで構わない。ただその場合は手のひらにローションをつけてやったほうが、より気持ちがいいかも。もしローションが手元にない場合、乾きやすくはなるけど唾液をつけてやっても同じ効果が得られる。

リング

　まずは人差し指と親指をつなげて輪っかをつくる。その輪っかをペニスの根元まで通して、気持ちよく感じる程度まで締めていく。そして、それを上下に動かしていく。

セルフフェラ

　ごく稀に自分でチンコをなめられるヤツもいる。たいがい、大きいチンコをもってるか、からだが柔らかい人たちだ。座った状態でできるヤツも

いれば、最初は仰向けの状態から股間が顔の上にくるように足を持ち上げてやるヤツもいる。でも気をつけて！　もし届かなかったりしても、無理にやるんじゃない！　首の骨、折っちゃうぞ！

男性はどうやってオナニーをするのか[*4]

82%	手を使いペニスをピストン運動させる
24%	からだ全体に触れる
18%	陰嚢や睾丸をなでまわす
15%	うつぶせになってベッドにこすりつける
14%	肛門を刺激する
7%	乳首を刺激する
1%	マスターベーションをしない
0.5%	自分でフェラチオをする

こすりつけ

うつ伏せになり、ベッドやクッションなんかに自分のチンコを押しつけて前後にこすりつける。ただ、プリカム（ガマン汁）や精液がつくと、シミになるからご注意を！

コンドーム

手を使ったりこすりつけたりする方法でオナニーをするとき、コンドームを使ってもいい。イッたときに精液がコンドームに溜まってくれるから、シミの心配はしなくてすむしね。この本の後半で、正しいコンドームの付け方について説明してあるので参考にしてほしい[P.219]。

[*4]　参考資料：Hite, The Hite Report on Male Sexuality, 1106.　シェア・ハイト著、中尾千鶴監訳『ハイト・レポート　男性版』（中央公論新社、1982年）

チンコ以外への愛撫

　手の甲や指先、羽根なんかを使って、からだ中を軽くさすってみたことはある？　自分の顔、唇、腕、胸、お腹、太もも、そしてお尻。人によって感じるところは違う。触れてみて特別気持ちよかったパーツはあった？　チンコの前に別の場所を触ると気分が盛り上がるはずだ。

射精

　AVなんかを観ていて、もし自分に精液がかかったらどんな感じだろうと考えたことはある？　是非、やってみるといい。ベッドに横たわってイクときにお腹や胸に出すと簡単だ。お尻の下にクッションをおいて持ち上げたり、壁で腰を支えておいたりすれば、顔や口にも出すことができる。

ソープアップ

　これはからだや手が濡れていたほうがいい。ボディーソープを使って、手でからだ全体をなでて、そのままチンコに手を伸ばしていく。肛門のあたりまで指を滑らせていってもいいけれど、その場合は水を使わず、ローションのみを使ってやるのがベストだろう。ローションはドラッグストアなどで買える。

唾液

　チンコに唾をかけるのもアリだ。指先でペニスや陰嚢を滑らせるように動かしてみる。目を閉じると誰かになめられているように感じるかもよ。

指

　最初はまずリラックスさせるようにお尻をなでていく。爪が切ってあるか確認しておくように。衛生的に気になるようならコンドームを指に巻いておくとよいだろう。指には多めのローション、なければ唾液をたっぷりつけておく。

肛門のまわりには、括約筋（かつやくきん）という筋肉がある。そこを指で10秒ほど押してリラックスさせてから、ゆっくりと指を挿入させる。括約筋を広げたり、前立腺のでっぱりを押したりすると、気持ちよくなるだろう。このタイプのオナニーは、慣れるまでに、ちょっとした練習が必要かもしれない。

鏡

オナニーをするときに鏡を使うと、違った見方で自分を眺めることができる。鏡に近づくと、実物よりも大きく見えることもある。

掃除機

お笑いの番組で掃除機のパイプにチンコを突っ込んで吸わせると、フェラチオされてるのと同じ感覚になるなんて言ってる人がいた。でも、それはまったくのウソだ。フェラチオは適度な湿り気があるけど、掃除機はカラッカラ。オナニーに掃除機は厳禁だと、ぼくは声を大にして言いたい。この方法でチンコにダメージを与えてしまった人も多いんだ。ものすごく強い圧力で吸引する掃除機は、血液を充填させ勃起させるための海綿体を傷つける可能性が高い。

ファンタジー

脳というのは、からだの中でいちばんパワフルな性器と言えるだろう。きみの空想や欲望で溢れた自由な場所。目をつむり、自分の想像力に身を任せるんだ！

飽きてきたら

オナニーってのはいつも楽しいってわけじゃない。そんな気分をクリスチャンに語ってもらおう。

「ある日、自分は昔からの惰性でオナニーしてるだけかもって気づいた

んだ。特に他にすることがないときは、いつもオナニーしてた。でもある
とき、『なんでオレこんなことしてんだ？』って、ふと感じたんだ。それ
でオナニーするのをやめてみた」

　２週間ほど休むと、ある日自然と性欲がわいてきて、クリスチャンはま
たオナニーをした。

　「すごくよかったよ。いつもより気持ちよかったし、いっぱい出た。ま
た次の日も同じように気持ちいいかもと思ってやったんだけど、そうはな
らなかった」

　もしきみもクリスチャンのように、オナニーを強制的な日課のように感
じたときは、そのルーティンを外れてちょっと休みをとるといい。そして、
日課だからじゃなくて、したくてしていたころを思い出してみよう。

　もしオナニーがつまらなくなってしまったら、本当にムラムラしてるの
か、自問してみるといい。もし、ムラムラしていないのであれば、少しブ
レイクをとるのもいいと思う。

　そして、いつもワンパターンになりがちで飽きてしまったのなら、ちょ
っと違う方法を試してみるのもいい。ここに書かれていないソロセックス
を、自分で編み出してもいいしね。おそらくきみはこれから先、オナニー
と一生付き合っていくだろう。パートナーができたとしてもほとんどの人
はオナニーをするもんだしね。いろんなやり方があるっていうのに、試さ
ずマンネリ状態になるなんて、もったいないと思わない？

ポルノ（ＡＶなど）

　ぼくが思春期に入ったころは、パソコンもスマホもなくて、エロ動画
やＡＶなどをインターネットで探すことはできなかった。ぼくがはじめて
観たポルノは、ケーブルテレビのひどく画質の悪いもの。受信料を払って

いなかったから、画面はチカチカ断続的に映るだけだった。

　エロ動画にありがちなストーリーで、ちょっとキモいとも思ったけれど、イタリア人の男たちが、不自然なほど大きな声であえぐブロンドに脱色した髪の女たちとコトを進めていくのを観るのは、興奮もした。エロ動画は、ぼくがしたいと思っていたセックスとは程遠いものだったけれど、それを観るしかなかった。ぼくの町には他に楽しいこともなかったしね。しばらくしてぼくは自分のパソコンをもち、好みの動画だけを選ぶようになった。ほとんどのエロ動画が苦手だったからね。

　ポルノはなにも最近流行り出したものじゃない。何千年も前から芸術家は人びとがセックスする様子を描いてきた。そういったイメージが、長いあいだ人びとの興味をそそってきたのは事実だけど、誰もがポルノを好きだということではない。ポルノは性欲を満たすためだけではなく、好奇心や興味から観たがる人もいる。

　世に存在するすべてのポルノをみんなが好きになるわけではない。だけど、もし自分好みのものが見つかったのなら、オナニーをもっと楽しむための助けになるだろう。ポルノはリスクなしでできる性体験だ。努力は不要、恋愛も省略、コンドームを使う必要もないんだから。

いろんな種類のポルノ

　人によって好みや想像力が違うわけで、ポルノにもいろんな種類がある。そのひとつに、素人モノと呼ばれる自宅で撮影されたようなジャンルがある。撮影した人たちはそれでお金を儲けようというつもりではないだろう。ただ観られたい、観られている、と思いながらセックスするとより興奮する人たちらしい。まれに、そういった動画が盗用され、映ってる人たちが望んでいない状態でインターネットに流出することがある。そういった動画を他の人に共有することは、ほとんどの国で違法となる。

　他に、アニメのポルノもある。実在の人物が関わることなくつくられる

ポルノだ──誰も傷つかずに製作されているのなら、安心だ。基本的にすべてがつくり話であり、リアルな世界とはかけ離れていることもある。タコみたいな手がたくさん生えている人、天使の羽根が背中についている人、家と同じくらいの大きさのパーツをもつ人なんかが登場する。ネット上では、自分でそういう絵を描いてシェアし、コメントし合えるコミュニティもある。日本のアニメAVは海外でも人気があり、男女もののポルノは「ヘンタイ」★9、ゲイポルノは「ヤオイ」、レズビアンポルノは「ユリ」などと呼ばれている。

　でも、ポルノというのは映像や写真などの視覚的なものだけじゃない。ネット上には官能小説（ポルノ小説）を書いて投稿する人たちだっている。官能小説は他の人たちがどんな妄想を膨らませているのか知ることができる最適な手段だし、自分が書いたオリジナルの話をオンラインで公開することだってできる。

　官能小説の中でもスラッシュ・フィクションと呼ばれる特別な種類もある。これは既存の映画や本などに登場するキャラクターたちを性的な関係に仕立てるジャンルなんだ。「スラッシュ（／）」と呼ばれるのは、ストーリーの中で性的な関係にある登場人物たちの名前のあいだにスラッシュが挟まれるようになったから。たとえば、『ロード・オブ・ザ・リング』なら「アラゴルン／レゴラス」、『ハリー・ポッター』なら「ハリー／ジニー／ハーマイオニー」というふうにね。

ポルノ業界あるある

　映画というのはよく同じようなストーリーが繰り返されるものだ。恋愛映画だったら、物語の冒頭から男女が登場して付き合いはじめるなんてのは、何度も観たことがあるだろう。アクションムービーだったら、ヒーローが瀕死になるほど叩きのめされているのに、最後の最後で悪者をやっつける、みたいな。こういったあるあるストーリーが繰り返されるのは、多

★9　日本のアダルトアニメや成人向け漫画、もしくはその画風を真似た作品などのジャンルは海外の一部で「Hentai」と呼ばれ、日本語の「変態」とは違った意味で使われている。

くの観客の興味をひくと製作者が知っているからだ。ポルノもまた、同じようなパターンを繰り返す。

　ヘテロのAV業界あるあるといえば、女性を対等な立場におかずひどい扱いをするもの。女性がレイプされ、激しい言葉を投げつけられて性的虐待を受ける。こういった動画は、男女のカップルがセックスをお互いに楽しむ内容ではない。それどころか、登場人物の男がやりたいことだけをやったり、時には相手の女性のことをセックス好きの女だと決めつけ罰を与えたりもする。

　　　　4人にひとりの男性はポルノが好きではない。ポルノを観る人の3
　　分の1は、恥ずかしいことだと思っている。[*5]

　また、男女もの、同性ものにかかわらず、出演者の極端なからだつきも商業ポルノのよくあるパターンだ。男優のチンコは見たことないぐらい大きいし、女優の胸は豊胸手術をしたかのように膨らんでいる。また、女性器は小さく見えるように整形手術をしていることもあるし、男が出す精液だって、実際に出たものよりも多く見せるために偽物が使われることもある。だけど、そんなすごいからだのもち主とのセックスが、より気持ちよいものだという根拠はどこにもない。

　商業ポルノではコンドームを使わないセックスも多い。これまで、エイズで亡くなったAV俳優は少なくないが、売れるという理由で、AV業界はいまだにリスクの高いセックスシーンを撮り続けている。

セックスを学ぶ学校はない

　ある時、そんなポルノに飽きたヤツがこんなことをつぶやいた。

[*5]　Thomas Johansson and Nils Hammarén, *Koll på porr : skilda röster om sex, pornografi, medier och unga* (Stockholm: The State Media Council, 2006), 25–48.　トーマス・ヨハンソン、ニルス・ハッマレン「ポルノ鑑賞：セックス、メディア、若者に関するさまざまな声」(スウェーデンメディア評議会、2006年)

「ポルノってさ、なんでいつもこんな感じなわけ？　リアルな人がする
リアルなセックスみたいにならないものかね？」って。

　その答えはノーだ。AV業界は、どうやったらよいセックスができるか
教育するつもりはないし、一般的なセックスをドキュメンタリーにして公
開したいわけじゃない。じゃあ、なにがポルノの目的かと言うと、ファン
タジーを表現しているにすぎないんだ。だから、AVで観るようなセック
スをしなきゃなんて、金輪際考えるべきじゃない。

　なぜポルノの中のセックスがリアルなセックスと違うのか、それは動画
は編集されているから。つまり、監督は編集で大部分をカットできるとい
うわけだ。だから腟やアナルのウォームアップをせずに、いきなり挿入し
ているかのように見せることだってできる。これ、リアルにやったら、相
当痛いからね。あと、アナルに挿入したあとにコンドームを替えたりチン
コを洗ったりすることなく、腟へ挿入するシーンもよく見かける。もし実
際にそんなことをしたら、相手は尿路感染症にかかってしまうかもしれな
い。

　基本的に、AVはリアルなセックスをなにひとつ描いていない。でも、
AVがあまりにも同じことを繰り返すから、現実のセックスはAVのようじ
ゃなきゃいけないと思い込まされがちだ。もし、AVがリアルなセックス
を描いているのなら、俳優があんなセックスを繰り返すことはしてこなか
ったはずじゃない？

　ある日の講演後、リサという女の子がぼくのところにやってきて、自分
の彼氏のことを話しはじめた。

　「彼とセックスするようになったとき、この人、AV観すぎなんだろうな
ってすぐわかったんです。男優がするようないろんなことを、何度も繰り
返したりするから。だから彼と話をする時間をつくってこう伝えました。
セックスはいろんなテクニックを見せびらかすものじゃない、セックスは
あなたひとりじゃなくて、私たちふたりでするんだよ、って」

　AVを観ているからといって、自然とみんなが俳優のようにふるまって

しまうと言いたいわけじゃない。それでも、ポルノの裏側ってものを頭の片隅に置いておいたほうがいい。フェラチオで勃起したように見える男はバイアグラを使っていただけかもしれない。ガンガン突かれてあえぎ声を出している女優だって、タバコ休憩のことを考えながら演技しているのかもしれない。みんな仕事でやっているだけ。演技だったとしても気持ちよさそうに観せるのが、あの人たちの仕事だ。

エクササイズ：きみのファンタジー

このエクササイズは、普段ポルノを観る人用だ。

自分にとって最高のファンタジーを想像して、それを小説のように書き出してみよう。はじめから終わりまで、細かい部分も丁寧にね。

書き終わったところで、そのストーリーと自分が観ているポルノのストーリーを比べるんだ。なにが同じでなにが違う？　もしそのポルノストーリーが自分のファンタジーと違っていたら、それはよいことだと思う？　悪いことだと思う？　もし悪いと感じたら、どうすればいいと思う？

ポルノを観るのって恥ずかしいこと？

前に一度、友達のマイケルと、ポルノについて話したことがある。彼はAVを観たことに罪悪感があった。

「オンラインで動画をダウンロードして観てたんだ。そのときはいいんだよ。でもコトが終わったとき、『オレはなんて最悪なAVを観てたんだ！オレ、落ちるとこまで落ちたかも？』って、たまに考えちゃうんだよね。そうして気分はへこむし、自己嫌悪に陥るんだ」なんて言っていた。

さらに「いちばんいやになるのが、男性たちの女性に対する扱い方だ。あいつらはタチが悪いし脳みそ腐ってるし、ヤってることがもう本当最低なんだよ」とも話してた。

こんなふうに、AVを観ていて罪悪感にかられることは、珍しいことじゃない。

それを拭い去るには、現実と虚構の世界を切り離して考える必要がある。もしかしたらきみも、ひとりの人間が複数に囲まれるようなグループセックスの動画を観て興奮したことがあるかもしれない。もしきみがリアルに集団レイプの現場に出くわしたなら、ヘドが出そうになるだろう。しかし、画面の中で行なわれているのはフィクションだ。男優たちはただレイプをしてるように演じているだけ。きみの感覚を刺激し、タブーを犯して、きみの興味をひいているんだ。だからそれを観たい衝動にかられるのも、おかしなことじゃない。

ポルノは想像の世界でしかないし、想像の世界ではなんでも起こるし、なにをしようと構わない。現実世界とフィクションの違いをきちんと理解してさえいれば、罪悪感をもつ必要はない。

ポルノを観る理由[6]

68％　マスターベーションのため

63％　勃起させたいから

46％　リラックスしたいから

28％　興味があったから

23％　セックスのやり方を知るため

12％　パートナーと一緒に気分を盛り上げるため

[6]　Sven-Axel Månsson, Ronny Tikkanen, Kristian Daneback, and Lotta Löfgren- Mårtenson, *Kärlek och sexualitet pa internet* (Gothenburg and Malmo: Gothenburg University and Malmo University, 2003), 41. スヴェン・アクセル・モンソン、ロニー・ティッカネン、クリスチャン・ダーネバック、ロッタ・ローフグレン・モーテンソン『インターネットにおける青年と性』（イェーテボリ大学＆マルメ大学、2003年）

どうしよう、ポルノ依存症かも？!

　多くの男性が、必要以上にAVを観すぎてしまっていると考えてる。ポルノの沼に一旦ハマると抜け出しにくいってこと。クリックひとつで退屈な現実から飛び出し、過激なポルノの世界に行くのは簡単だからね。でも、そこで満足できる作品を見つけるのは、難しかったりする。この動画でイこうか？　いや、もっといい動画が他にもあるかも？　そんなふうにして、もうひとつ、あともうひとつって、AVを観続ける自分に気づいた人もいるかもしれない。

　ポルノというのは、一度観たらその効果が薄れてしまうものだ。はじめて観るときは刺激的でも、2回めに観ると前ほどでもない。3回め以降になると、つまらなくなったりもする。だからみんな、男優たちがなにか新しいことをしている動画を探し出す。「ぼくの彼女との美しいセックス」なんてタイトルの動画を観たそのあとに、7人の小人が白雪姫をレイプするスカトロものなんかを観ちゃったりして。そして、なんでこんなもん観てんだって、混乱しちゃう。

　多くの男性は、そんな自分たちの習慣にいら立ちを隠せない。そして、自分はポルノ中毒だとますます思い込んでしまう様子も、ぼくは見てきた。まぁ、わかるよ、そうやって心配になっちゃう気持ちは。でも、AVを観て不安になるからといって、ポルノ中毒になったわけじゃない。

ポルノを観ちゃう罪悪感を消す方法

1. ポルノ日記をつけてみよう。観たら必ずね。まず、観る前はどんな気持ちだったかをノートに書くんだ。たとえば、ムラムラしてたのか、ただ暇だったからなのか、ちょっとへコんだ気分だったのか、

それともなんだか寂しい気分だったのか。そして、観たあとには、ポジティブかネガティブ、どちらの気分になったのか。

2. そのポルノ日記を読み返すと、自分がどんなときにAVを観てネガティブな気分になるか、パターンがわかってくる。次に、おなじような状況になったときに、AVを観る代わりにできることをリストにして書いておく。たとえば、暇つぶしについAVを観がちな人だったら、暇なときにやることリストをつくっておこう。誰かに電話するとか、家じゃなく図書館に行って宿題をするとか、軽く散歩に行くとか、初心者向けのオーケストラに参加してみるとか、好きな音楽にノリながら部屋を掃除してみるとか。

3. そういう状況になりそうだな、今AVを観たらあとでヘコんだ気持ちになるかもなって気づいたら、2のやることリストから、ひとつ選んで実行してみるといい。そしてそのあとどんな感じになったかってこともポルノ日記に書いておく。これは、AVを観るのを完全にやめるためじゃない。だって、うまくいくはずはないんだから。でも、AVを観たあとの嫌な気分になる時間を減らすには、効果的な方法だよ。

男性の役割

男の子向けのこの本で、社会で男性に期待されている役割について無視するわけにはいかない。男性のジェンダーロールというものがある。これは、おおまかに言うと、男の子を女の子と区別し、男性という性別に基づいて期待される役割のことなんだ。

通りすがりに、ある男性とすれ違ったとしよう。きみはその人の裸を見たことがない。つまりその人の股間にチンコがついてるって言い切れるはずがない。それでもきみはその人を男だって思うだろう。それは、その人が「オレは男だ」っていうサインを出しているからだ。

ゆったりしたサイズの、女の子よりも露出が少ない服装だからかもしれない。さらに、色や素材のせいかもしれない——暗めの色で、なめらかなシルクなんかとは違うゴワゴワした布の素材とかね。他にも髪型によって、もしくは脚や腕の毛を剃らないこと、化粧をしないことで、自分が男だと伝えることもできる。

でも、男だと示す方法は見た目だけじゃない。どんなふるまいをするかによっても決まる。大股で歩いたり、膝をガバッと開いて座ったり、甲高い声じゃなく低い声でしゃべったり。男らしいとされる意見を言うこともひとつのやり方だ。乗馬よりもアイスホッケーのほうがイケてる、泣いているところを見られるのは恥ずかしい、困っている人を助けるよりも競争で勝つほうが重要だと考えているかもしれない。

こういうのは全部、男性的とされるジェンダーロールのいろんな側面だ。暗黙のルールのようなシステムで、きみが住んでいる地域や年代によっても変わってくる。今、きみが住んでいるところで男性の役割とされていることを知りたければ、学校でなにをすれば男らしいと思われるか、または男らしくあるためにはなにをしちゃいけないのかを書き出してみるといい。

時代がつくる"らしさ"

男らしさ、女らしさは、あまりにもはっきりと区別されているせいか、生まれながらのものだと思われがちだ。だけど実際には遺伝子とか本能によるものではない。ぼくらが考える男らしさや女らしさというものは、時代の移り変わりとともに簡単に変化するし、遺伝子レベルの話にはなりえ

ない。

　今の時代、女性がズボンを履いて歩いていたって誰もおかしいと思わない。でも100年前の人びとは、そんな人を見たら、うわっ最悪！　なんて思ってた。それに男性のギタリストがステージで演奏しているのだって、現代ではあたりまえのことだけど、その昔、ギターは女性が演奏するものだったんだ。でも、今じゃ誰もこんなこと言わないでしょ？　「あいつは変なヤツだ、男のくせにギター弾きやがって！」なんて。

　　男性が心のうちでなにを思っているかということと、実際に行動に現れることとは常に同じであるとは限らない。3分の2の男性は自分の悲しみや傷ついたことを見せないという。[7]

　200年後の人たちが、今のぼくやきみの姿を見たら、「なんて変なスタイルしてんだ！　男ってもんをなにもわかっちゃいない！」なんて考えるだろうね。

　こういった急速な変化が起きるのは、男らしさや女らしさというものはぼくら人間がつくり出すものだからだ。男性のジェンダーロールというものは音楽と同じように、社会文化の一部分でしかない。数十年前まではラジオではジャズがよく流れていたけれど、今流行っているのはポップやロック、そしてヒップホップだ。受け入れられやすい音楽のジャンルが変化するように、男性や女性がそれぞれどうふるまうべきかという考えは変化するものだ。

　男のジェンダーロールが遺伝子レベルの話ではなく、時代背景や文化によって変化するということは、つまりぼくらには選択肢があるということを意味する。もしきみが男のジェンダーロールにハマっていたいなら、そうすることができる。でも、もしそれが嫌だと言うのなら、まったく違う

✽7　参考文献：Hite, The Hite Report on Male Sexuality 1091. シェア・ハイト著、中尾千鶴監訳『ハイト・リポート　男性版』（中央公論新社、1982年）

スタイルを選ぶこともできるんだ。

互いに厳しい男たち

でも実際問題、男性としてのジェンダーロールを望むかどうか、自分で選ぶのはそう簡単なことでもない。

生活が荒れたことで、何度も転校を余儀なくされたマティアスという知り合いの話をしよう。彼は男友達のグループとよくつるんでいる。マティアス曰く、彼らは気が合う仲間で、もしその中の誰かがトラブルに巻き込まれたときは一緒になって立ち上がると言う。けど、それと同時に、時折シャレにならないジョークを言い合ったりもするらしい。

ぼくは「そのうちの誰かが、ある日突然ピンクのズボンを学校に履いてきたらどうなる？」って聞いてみた。

マティアスは「それはヤバいね。みんなそいつのこと、女だとかゲイだとかって呼ぶだろうね。そいつがゲイじゃないってわかってるけど、ピンクのズボンはヤベーよ！」なんて言う。

彼らが仲のよい友達でも、なんでも受け入れるわけじゃないんだね。

マティアスはこうも付け加えた。「でも正直、ちょっとめんどくさいこともある。オレとあいつらとノリが違うなって思うときはあるけど、そういうのは見せないほうがいい。思っていても言えないこともあるんだよ。どうせわかっちゃくれないからさ」。

マティアスやその友達のように、男性のジェンダーロールから外れたヤツをバカにしたりすることはよくあることかもしれない。でも、流れに逆らって恐れずに泳ごうとしている人を傷つけるのは、同時に自分の首を絞めることにもつながる。長い目で見ると、自分らしいやり方や生き方を邪魔することになるんだから。マティアスは本当のところどう思っているかをぼくに教えてくれたけど、自分の友達に言うことはできなかった。それをネタにからかわれちゃうからね。

　この１年間で、約半数の男子高校生がオカマなどと呼ばれ侮辱された経験があると答えた。男子高校生たちはそのイメージをもたれないように、男性のジェンダーロールに自分を押し込めようとする。[8]

　もしきみが、男性らしいジェンダーロールを自ら選びたいのなら、他人が理想としている姿を尊重してあげることがとても重要だ。それが、男らしくなくて、滑稽に見えても、口を出したり意地悪したりせずにね。

ぼくらの成長を妨げるもの

　「盆栽子猫」とネットで検索すると、一時期話題となったインターネット上のデマが出てくるだろう。盆栽子猫とはガラスのビンに押し込められた子猫の写真が掲載されたウェブサイトで、そのビン詰めの猫たちを売りはじめたなんて謳っていた。子猫たちが成長するにつれ、ビンがきゅうくつになり、最終的にはそのビンと同じ形の猫ができあがるということだった。
　盆栽子猫の画像は、きみが本当になりたい自分ではなく、男性のジェンダーロールに押し込まれた自分を想像できる、いい例だろう。10代というのは、人として成長する時期だ。個人的なことだけど、ぼくは自分が満足するまで、友達やファッションのスタイル、自分の意見もコロコロ変えていた。自分自身が成長するなかで、新しいことを試さないなんてもったいない。もしきみが、「こんな服は着ちゃだめだ」、「あいつらとは友達にはなれない」、「ぼくにこれはできない」なんて思っていたら、男性のジェンダーロールという枠組みを超えて成長するなんてできない。ジェンダーロールというのは、盆栽子猫が入ったガラスのビンのようなものだ。きみの成長を妨げるばかりか、きみにしかつくれないオリジナルのスタイルをも奪ってしまう。

[8]　Eva Witkowska, *Sexual Harassment in Schools: Prevalence, Structure and Perceptions* (Stockholm: Arbetslivsinstitutet, 2005), 26.　エヴァ・ヴィコフスカ『学校におけるセクシュアルハラスメント：流布・構造・認知』(スウェーデン国立労働生活研究所、2005年)

男性のジェンダーロールは他にも弊害がある。男は感情的になるべきでないという考えだ。もしきみが自分の感情ときちんと向き合わずに、溜め込んでいくと、いつかきみのこころはいびつな状態になってしまうかもしれない。きみのこころと感情が盆栽子猫のように決められた型に押し込められてしまうのだから。

自分のこころの声に耳を傾けてほしい。きみがきみであることで幸せを感じることがなにより大切なんだ。他の誰かがどう思ってるかなんてことよりもね。

社会の中のパワーバランス

男性というのは社会の中で特別な位置にいる。大人か若者かにかかわらず男性は女性よりも権力をもっているものだ。すべての男性が権力をもっているというわけじゃない。でも、男性と女性をそれぞれ集団にして比べたとしたら、全体的に男性のほうに権力があることは明らかだろう。

学校であれば、その力を使えるのはクラスのことを牛耳るヤツだったり、列の先頭に立とうとするヤツだったり、サッカーのためにグラウンドを占領するヤツだったり、それからコンピューター室のパソコンや休憩室のビリヤード台を独り占めするヤツなんかだ。それ以外にも、他の生徒をビビらせるためにちょっかいを出すヤツらも、その力を使っていると言えるだろう。

男性のジェンダーロールというのは、そういった権力の差をつくり出すのに一役買っている。なぜなら誰かに強引な態度をとる姿、たとえば他の男性を殴りつけたり、女性にちょっかいを出したりすることは、多くの男性の目には男らしく映るらしい。そういったネガティブな側面のある典型的な男性のジェンダーロールは、社会の力関係を悪化させる。その力を使って他者を制していったりする男性もいるからだ。

男性のジェンダーロールに見られる他者を踏みつけるような行為から、

男性は距離を置くべきだ——暴力、脅し、痴漢行為、縄張り争い、アバズレとかヤリマンといった性別に基づく悪口とかね。どんな人にも大切にされる価値があるのだから、いつだって相手を尊重して接しよう——それがリスペクト。これは自分自身にも言えること。リスペクトをもってふるまうことが、どれだけいい結果につながるか、また後ほど説明しよう。

　　男性のジェンダーロールは、愛情を育む妨げになっている。家族に関するセラピーを受けにきたカップルの4分の1が、ジェンダーロールを原因とした問題を抱えている。[9]

✳9　Estimate made by family therapist Anders Eklund Ramsten, DN, Based on his experience.
家族療法士アンダッシュ・エクルンド・ラムステンの臨床経験に基づく評価

2

女の子のこと

GIRLS

女性のからだについて

　さぁ、ここからは女の子のからだについてガイドツアーしていこう。

　もし、今これを読んでいるきみが、自分を男だと感じていて好きになる相手も男だったら、このチャプターは読まなくていいと思うかもしれない。でも、人口の約半分の人がどんなからだなのか、きみが女の子と寝る気がなくても、知っておいて損はないはずだ。

　今、きみの隣には全裸の女の子が横たわっているとイメージしてほしい。きみの指先を彼女の上唇の上のほうに置いてみよう。男の子と同じように毛が生えるところだ。その指を彼女の喉のあたりまでスライドさせていく。男の子みたいに突き出ているわけではないけど、こぶのようになっているのがわかるだろう。いわゆる、のどぼとけと呼ばれるものだ。

　女の子にも、男の子と同じ量ではないけれど、男性ホルモンの一種であるテストステロンがあり、思春期になると、テストステロンの影響で女の子の声は低くなる。男の子と比べ、そこまで顕著ではないが声がかすれたりするんだ。そこから指を少し下へと滑らせていくと、胸に到達する。胸の形というのは、片方が多少大きいことはよくあり、左右の形が違ったりもする。大きさや形は人によって違い、完全にフラットな胸の女の子もいる。一般的には皮下脂肪が多い女の子ほど胸が大きくなる場合が多い。それだけでなく、遺伝的要素、服用している薬の種類、そして激しいスポーツとの関わりによっても、胸の大きさには個人差が出てくる。

　また、男の子と同じように、女の子の胸にも毛は生える。量や場所は人によって違う。

　そして、性別を問わず、成長期には肉割れと呼ばれるスジが肌に現れること［線状皮膚萎縮症］がある。できたばかりの肉割れは赤紫色のミミズ腫れのようだけど、徐々に薄くなっていく。肉割れは、もも、お尻の膨らみなど、からだのさまざまな場所に生じる。バストに肉割れが生じる女の

子も珍しくない。

股間にあるもの

　このツアーガイドを続ける前に、ひとつ伝えておきたいことがある。こ
こから女の子の生殖器全体、つまり外側から見ることができる外性器とか
らだの内側にあってふつうには見ることのできない内性器の両方を説明す
るために、**マンコ**[★1]という言葉を使いたい。他にもワギナとか割れ目と
かさまざまな呼び方があるけれど、個人的には**マンコ**がいちばん適してい
ると思っているからだ。この言葉を、ぼくは女性蔑視の用語として使った
ことは一度もない。ぼくにとってはからだの部位の名前でしかないし、そ
れ以上でもそれ以下でもない。

　それじゃ、きみの指を彼女のおへそのあたりに置いてみよう。なだらか
な曲線に沿って下のほうへ進むと、陰毛の茂みに到達するはずだ。男の子
と同じように、陰毛は髪の毛よりも硬い。もものあたりやお尻のほうにま
で陰毛が広がっているのも男の子と同じだ。

　さらにその陰毛を通って指をスライドさせていくと、恥丘と呼ばれる緩
やかな盛り上がりに到達する。その丘を越えたところが、男の子のペニス
の付け根にあたる場所だ。女の子にはこのあたりに、パーカーのフードの
ような形をした皮膚〔陰核包皮〕があり、その下には真珠のような突起(陰
核亀頭)が隠れている。

　このフードは男の子のチンコを覆う包皮にあたり、陰核亀頭に潤いを与
え保護する役割がある。そのフードをめくったところに見える真珠のよう
な突起のことを、一般的にはクリトリスと呼ぶが、実際にはそこから体内
につながる細長い陰核体を含めた全体がクリトリスだ。真珠のような突
起はクリトリス全体で見ると、ほんの一部でしかないと言える。実際のク
リトリスは、そのほとんどが体内に隠れているのだから。

　そのフードからさらに下に進むと、両側に小陰唇と呼ばれるひらひらし

[★1]　スウェーデン語版ではfittaが使用されており、湿地帯や濡れた牧草地が語源と言われている(諸
説あり。なお、英語版ではpussyと訳されている)。女性器呼称について、たとえばスウェーデンの漫画
家リーヴ・ストロームクヴィストは〈女性器の体外に現れている部分を指す言葉「外陰部」は日常会話で
は使われない[…]外陰部は私たちの文化では隠されている。言葉の面でも、視覚イメージでも。〉と指摘
している(『禁断の果実』相川千尋訳、2018年、花伝社)。本書の著者も同様に、男性器に対する扱い
との非対称性を訴えており、その意向を汲んで「マンコ」と訳した。

た皮膚がとび出しているが、その形には個人差がある。小陰唇と表現されているけれど、たいていは外側の大陰唇から部分的にとび出している。大陰唇は、小陰唇や陰核包皮と違ってシワがあり、毛も生える。

　小陰唇を両側に開くとそこには、ふたつの穴がある。上部にあるのは尿道口で、女性が排尿をするところだが、見つけにくいかもしれない。指で触ってもわからないくらい尿道口は小さく、うっかりなにかを入れてしまうことはありえない。そこから数センチ下がったところに腟（ヴァギナ／ヴァジャイナ）がある。たまに、女性器全体のことを**ヴァギナ**と呼ぶ人もいるが、正しくは「洞窟」にあたる部分のことを指す。

　女の子が性的に興奮していないとき、腟の内壁はぴったりくっついていて、そこに指を１本入れようとしただけで、痛みを伴うかもしれない。でも、今きみの隣にいる想像上の女の子はもう準備ができているはずだから、優しく少しずつ指を挿入してもいいだろう。腟は上に向かって斜めになっていて、内側の壁は少しでこぼこに感じるかもしれない。その子は興奮して

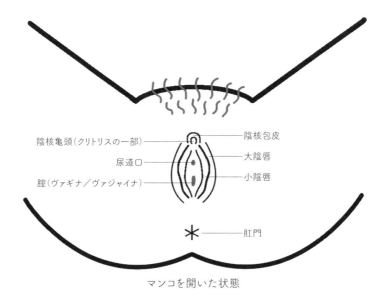

陰核亀頭（クリトリスの一部）———　　　　　　———陰核包皮

尿道口———　　　　　　———大陰唇

腟（ヴァギナ／ヴァジャイナ）———　　　　　　———小陰唇

＊———肛門

マンコを開いた状態

いるので、腟の中は濡れている。でも、そういう気分のときでなくても、腟の内部は湿っているものだ。

女の子がエッチな気分になったときの、マンコの変化

＊女の子も勃起する。これはマンコに向かって血流が集中するということだ。クリトリスは充血によって肥大し硬くなる。陰唇は大きくなり開きはじめる。

＊腟から潤滑をうながす液体が分泌されるとマンコは濡れはじめ、準備に入る。

＊腟内部は幅が広くなり、奥深くなる。腟の内壁は膨らみ、クッションのような状態になる。

＊でも、これらの状態になったからといって、その女の子が必ずしも性欲が高まっているわけではない。男の子がムラムラしていないのに勃起してしまうように、女の子にも同じことが起こるだけだ。

　腟の大きさと、その女の子が何回セックスをしたかは、まったく関係がない。たくさんの人と関係をもったからといって、腟が「ゆるく」なるということはない。もし腟がキツく締まっている状態なら、それは彼女がまだその気分になっていないというサインなので、すぐに指を抜かなきゃいけない。

　そしてマンコはチンコと同じように、他の部位よりも色素が濃いから、まだらに見えることもあるし、周辺の皮膚は他の場所よりもシワが寄っている。もしきみがいろんなマンコを見比べる機会があるのなら、そのサイズや形にもいろいろあるってことがわかるだろう。また、マンコはもともと独特なニオイがするものだ。

エクササイズ：自分のからだでツアーしてみよう

　ぼくが紹介したツアーを、自分のからだを触りながら試すといい。マンコの各パーツがどのあたりに位置しているか理解しやすくなるはずだ。

　もしきみに、付き合っていたり寝たりする女の子がいて、こころから信頼しあえる仲であるのなら、彼女のからだをツアーさせてもらうようお願いしてみてもいいかもしれない。

女性の潮吹きについて

　男の子が射精するときは、精液がいきおいよく噴き出てくる。実は女の子も、オーガズムを迎えたとき、一度に全部ではないけれど、白い液体を出す。尿道から数回に分けて出てくるけど、あまりにも少量だから、気づかないこともある。

　だけど、時どき一気に勢いよく噴出することがある。潮吹きと呼ばれる現象だ。彼女にとっては他のオーガズムと感じ方に違いはないかもしれないけれど、見た目は違う。昔はおしっこだと思われていたが、今では尿ではないものが尿道の周辺から出てくるとわかっている。

　女性の潮吹きは、男性の前立腺に似たスキーン腺と呼ばれるところから流出する。男の子にはくるみ大の前立腺がひとつあるのに対し、女の子には複数の小さな腺が尿道付近に存在する。

女の子と男の子、実際そんなに違わない

　ぼくがマンコについて勉強しはじめたとき、難しいって思った。いろんな部位があって、その名前ははじめて知るものばかりだったし、それぞれ

がどんな役割なのか、知る由もなかったからね。

> クリトリスは平常時のペニスより長い。ただ、そのほとんどの部分が体内に収まっているだけだ。

ただ、実際にマンコはそれほど謎めいているものではなかった。いずれ男の子か女の子どちらになろうと、どんな胎児も母親のお腹の中で最初は同じ状態だったのだ。したがって、マンコもチンコも元はと言えば同じところから発生しているから、似たような部分があるというわけだ。下の表は、きみの生殖器が、女性のどの部分に当たるかを示したものだ。女の子のからだを理解するのに役に立つかもしれない。

ペニス(陰茎)	クリトリス(陰核)
ペニスの亀頭(陰茎亀頭)	陰核亀頭
ペニスの皮(陰茎包皮)	陰核包皮
陰嚢の皮	大陰唇
睾丸	卵巣(体内にある)
前立腺	スキーン腺

理想の女の子像

女の子は、いろんな場面でなかなか認めてもらえないことが多く、自分を変えなきゃいけないような気がしている。わかりやすい例は、女性誌によくある、ダイエットやイメチェン特集だ。でも、そんなメッセージはま

だまだたくさん隠れている。

　たとえば、ビキニの下の三角形の部分だ。ビキニの広告で下の毛がはみ出ているものなんて今まで見たことないだろう。だから女の子の下の毛はきれいな正三角形に生えているもんだと思うよね！　でも、ビキニを着てみたら自分の陰毛がはみ出してるって気づく女の子がいるかもしれない。広告の写真だったらありえないよね。それは、自分の陰毛の生え方がおかしいんじゃないかって思うきっかけとなり、その子は広告業界が見せるビキニを着た女の子のイメージに近づかなくちゃと思い込んでしまう。

　それに、理想的な女の子像に努力せずなれることがあたりまえのような表現をしょっちゅう見かける。映画なんかでは、まだ起きたばかりの女の子が完璧なメイクと髪型でベッドに横たわっている。まるで女の子はみんなヘアメイクをした状態で生まれてきたかのように。

　「女の子と認められるためには、女の子たるべき一定の評価基準を満たさないといけないわけ」。ぼくの友達のヨハンノの言葉だ。

　ムダ毛の処理をしない、化粧をしない、期待通りに変われない女の子は、女性らしくないと思われかねない。

　もちろん、ムダ毛の処理や化粧をすることが悪いわけじゃない。ジェンダーにかかわらず、やりたい人はやればいい。多くの人は楽しんでやってるんだから。問題なのは、多くの女の子に選択肢は他にないと思わせてしまう、永遠に続く理想像の押しつけだ。こういった圧力に押しつぶされそうになり、健康に悪影響を及ぼしてしまう女の子だっている。

　完璧に理想通り生きていける女の子なんていない。汗をかかず、ニキビもなく、歳をとらないなんて、もう人間じゃないよ。

　理想の女の子像を目指していない子に対して、もしきみがそれをネタにからかったりすれば、ありのままの姿を誰も見せてくれなくなるだろう。理想像なんてのは、女の子について知りたいと思うきみをじゃまする壁にしかならない。

マンコへの抑圧

おそらく、女の子のあるべき姿についてのいちばんおかしな考え方は……マンコがないものにされていることだ。

ちょっと思い出してほしい！　今までに美術館とか道端に立っている裸の女性の銅像とか見たことあるでしょ？　それにマンコついてた？　ほとんどの場合、女性の裸体像ってまるで性器がないみたいに、股間のところがフラットじゃない？　その一方で、男性の裸体像はチンコが出てても問題ないんだよね。

スーパーの生理用品売り場に行くと、香りつきのパンティライナー（おりものシート）が売られてる。マンコはマンコのニオイがしてちゃダメ、花のようないい香りにしておくべし！　っていう、これはもう暗黙のメッセージだ。でもさ、スポーツショップに行って男性用のジョックストラップ（スポーツ用サポーター）を買おうとしたら、野草とシナモンの香りつきだったなんてことある？　絶対ない！

> 「毎週日曜日は、女らしくするのをやめる日——アンフェミニンデーにしよう。シャワーは浴びない、髪はボサボサ、脚のムダ毛だって剃らない。常にフェミニンでいるのってちょっと大変。いつもそんな気分だとは限らないし、いつもそんな気力があるわけじゃない。ただただ、めんどくさい。たまにはちょっと休憩が必要。」[1]

この、マンコに対する抑圧はAV業界にまで広がっている。マンコが小さく見えるように整形手術を受けているAV女優は少なくない。本当は感じやすい小陰唇の大部分をわざわざ切除し、カメラの前では気持ちよさそうな演技をしている。

[1]　Fanny Ambjörnsson, *I en klass för sig : genus, klass och sexualitet bland gymnasietjejer* (Stockholm:Ordfront förlag, 2010).　ファニー・アンビョルンソン『私たちのクラス：高校における女子のジェンダー・階級・セクシュアリティ』（2010年、未邦訳）

こうしたマンコ差別は悪影響しかもたらさない。男の子はマンコを正しく理解する機会を奪われ、女の子は自分のからだに不満を感じやすくなってしまう。長期的に考えると、こういった要素によって女の子は将来セックスを楽しみにくくなってしまうかもしれない。

マンコはありのままでいいんだとみんなが気づくまで、マンコを道端や広場でももっと目に入るようにしていく必要があると思うよ。

女 の 子 の 性 欲

ある日、ぼくはカッロとラーナ、そしてサーラと一緒にカフェで、ムラムラすることについて話していた。みんなとお茶を飲みながら、ぼくは若いときにどんなふうに女の子を見ていたか思い出してた。それまでぼくが抱いていた女の子のイメージって、男の子みたいにエッチじゃないって感じだった。大人になっていろんな学校を訪問しているけど、今どきの子たちもそんなふうに想像しているらしい。だからこれを機に、みんながもっているイメージについて整理しておこう。

「女の子も男の子と同じように、性欲ってあるの？」ってぼくが聞く。

「あたりまえ！」と、テーブルを囲む彼女たちが答える。

「でも、人にもよるよね。そうじゃない子たちだっている。でも男だってそんな性欲強い人ばっかじゃないでしょ？」とラーナが言う。

サーラが考えるには、男女の大きな違いは、女の子の性的欲求は男の子のものより注目されないってことらしい。

「私たち女の子は、そういう欲求を男たちと違う形で表現しているだけ。男子ってクラスルームの中でも平気で大きな声でポルノとかオナニーの話するでしょ？　なんかもう、自分はこんだけムラムラしてんだー！　って学校中に宣伝してるみたいに。女の子はそんなオープンに話すことを許さ

れてないんだよね」というのがサーラの意見だ。

「その通り！　男はケンカしたときとか『俺のチンコ、しゃぶりやがれ！[★2]』って言うけど、『私のマンコ、なめやがれ！』って怒る女の子どれぐらい見たことある？」と、カッロが続けると、女の子たちはみんな笑った。

そこで、ぼくはこんなことを聞いてみた。

「女の子って恋人とか、恋愛対象の人じゃないとエッチな気分にならないの？」

これには、サーラが反応した。

「えっ！　そんなわけないじゃん！　誰だってエッチの対象になるよ。有名な歌手だって、通りすがりのイケメンでだって、エッチな気分になるって」

女の子のオナニー

そのあとぼくらはオナニーの話を始めたんだけど、サーラが不意に、13歳か14歳のころに通っていた別の学校でのエピソードを思い出した。マスターベーションについて話すという目的で、生物の授業中、男子と女子が別の部屋に分けられたそうだ。「ある子がね、毎日オナニーしてるっていう隣の学校の女子のことを話しはじめたの。で、その子のことをキモいとか言ってて、それを聞いてるクラス中の女子も、うんうんってうなずくわけ。『マジでキモい！』とか言っちゃって」

「サーラも？」って聞いてみた。

「うん、みんなと同じように、もうサイアク～みたいな顔をつくってね。でも、それって本当の気持ちじゃなかった。私もそのときはもうオナニーしてたし、本当はなんで悪いことなのかわからなかった。でも、してないフリをしなきゃって感じだった。そこには先生とか他の男子もいなかったのにね」とサーラ。

ぼくはサーラに、他のクラスメイトがみんなオナニーなんてしないって

★2　スウェーデン語ではSug min kuk。「くたばれ」「くそくらえ」といった意味合いで、相手を侮蔑する際に使われる（英語版はSuck my dickで、「fuck you」などと同じような意味）。

言うのを信じていたか聞いてみた。

「そんなわけないじゃん。みんなほとんどやってたと思うよ、私みたいに。ま、絶対とは言い切れないけど……やっぱ私ってなんか変なのかな？」

カッロとラーナ、それにサーラは時どき、女の子に性欲があることは問題だと、世間から思われている気がするらしい。カッロはこんなことも言っていた。

「女の子って、なにかのおとぎ話の中に生きてるような期待をされてるってことない？　どこかの塔に住んでるお姫様は、自分を探し求めて世界中を旅してきた男の子が迎えにくるまでは、おふとんの中でその彼を待っている……みたいな。女の子たちには自分の手を使って目覚めてほしくないってこと。私たちの性欲はないものにされてるわけ」

女の子はどうやってオナニーを楽しんでいるか

男の子と同じように、女の子もいろいろなやり方でオナニーする。よくあるのは、マンコ全体をなにかにこすりつけるやり方だ。たとえば枕とか。あと、陰核亀頭を覆っている陰核包皮を前後にこするのは、男がチンコの皮を使って亀頭を刺激するのと似てるね。女の子がオーガズムを迎えるのは、主に陰核亀頭を刺激したり、クリトリスの体内に隠れている部分を皮膚の上から押したりするときだ。

自分の指かなにかを腟に挿入したりもする。それから、生殖器だけが性感帯ってわけではない。男の子も同じだけど、女の子だって自分のお尻やもも、お腹や他の部分を触りながらオナニーをする。

陰核亀頭は、ペニスの亀頭よりももっと敏感だ。
ペニスの亀頭と比べ、はるかに多くの神経が通っているから。

カフェでの会話中、オナニーでオーガズムを迎えることは難しいか彼女たちに聞いてみたところ、やり方をわかっているかどうかによるらしい。

ラーナは「1分ですませられるときもあるだろうし、たまには、ゆっくりオーガズムを迎えたいこともある。あと、時間をかけると何度もイクことだってあるしね」って言う。

サーラは「人によってはイキにくい人だっている。でも何年か経験を積めば、コツをつかんでいけるはず」って言っていた。

　平均的に、女子のほうが男子よりもセックスの初体験年齢が低い。しかし、女子は自分の性体験やセックスについてオープンに話してしまうと、名誉を傷つけられる恐れがある。一方で、男子はセックスについて話すことで失うものはあまりない。これで、社会には男性の性欲ばかりが溢れている説明がつく。[2]

はじめてなのに血が出ない？

　女の子のからだについての研究は、少し遅れていると言っていいだろう。長いあいだ、人びとは事実ではなく神話をよりどころにしてきたからだ。おそらく女の子のからだについてのいちばん有名な俗説は、処女膜神話だろう。処女膜っていう言葉を聞いたことがある人は、女の子のからだの中には腟をふさぐ膜だとか糸状のものがあって、セックスではじめて腟にチンコを挿入されたときにそれが破れ、出血するという話を知っているだろう。でも実際はそんなんじゃない！

　今きみの顔が女の子の両脚のあいだにあると想像してほしい。きみは彼

[2]　Margareta Forsberg, *Ungdomar och sexualitet* (Stockholm: Statens Folkhälsoinstitut, 2006), 14-21.　マルガレタ・フォシュベリィ「若者とセクシュアリティ」（スウェーデン国立公衆衛生研究所、2006年）

女の陰唇を左右にそっと開き、腟の中をのぞいてみる。真ん中に腟へと通じている軟部組織[★3]の皮膜が見えるだろう。それが処女膜だ。その形状や開き方は人によって違う。処女膜はほかの腟の内膜と同じように弾力性があるから、多くの女の子は出血も痛みも伴なわずにはじめてのセックスをすることができるけど、逆に両方経験する子もいる。でもほとんどの場合、同意のあるセックスであれば、ポジティブな気持ちが痛みや出血を抑えてくれる。ところが、稀にその形状によっては挿入すると組織が破れてしまう処女膜をもつ女の子もいる。ほんの少し焼けるような痛みを伴う場合があるけれど、その皮膜には血管がほとんど通っていないので出血することは多くない。

でも、処女膜があるかないかで、その子がセックスをしたことがあるかないかを決めつけることはできない。だってみんな違う形なんだから！男の子だってそうだろ？　シャワールームでチェックしたら、みんなチンコの形が違うってわかるはず。腟もそれと一緒、みんなそれぞれ違うんだ。

男性も女性も、処女膜で処女かどうかをチェックできると長いあいだ信じてきたが、これがまずかった。結婚式のあとに迎える初夜、世界中で何世代にもわたり、女性はさまざまな方法で出血していることにしなければならなかった。そしてこの事実を明らかにする人がいなかったために、今の時代まで処女膜神話が語り継がれてしまったんだ。

「でも、医者に行けば処女膜を治してくれるって聞いたことあるよ、その子が殺されるリスク[★4]があるならって！」。ぼくが処女膜について話していると、そんなことを言った男の子がいた。

時おり、その女の子の命が危険にさらされている場合、処女膜の組織に縫合を施すことがある。のちに彼女が初夜を迎えセックスをした際に、その糸がひっぱられ出血するようにするものだ。そんな手術をしたとしても、確実に出血する保証はない。

もちろん、処女膜についての神話が受け継がれてきた本当の理由がある。

★3　硬組織（臓器や骨）以外のからだの組織（筋肉・脂肪・血管など）のこと。
★4　強姦や自由恋愛による婚前交渉などは家族をけがすという理由から、一部の国で女性を殺す慣習が存在する。宗教上の理由が主で、「名誉殺人」などと呼ばれている。

それは、女の子が結婚前にセックスをすることに恐怖を抱かせるためだ。この神話によって、親や男性が、女の子の性欲をコントロールしやすくなる。たったふたりの女の子の腟を比べて、どっちが経験ずみでどっちが未経験かを当てるのは不可能だということは覚えておいてほしい。腟の状態は人それぞれだからね。

必ずしも痛いわけじゃない

処女膜神話に関しておかしな点がもうひとつある。はじめて腟性交するとき、処女膜が傷つくから、女の子は絶対に痛がるものだっていう話。でも処女膜には神経が通っていないから、はじめての挿入だったとしても、必ずしも痛みを伴うわけではない。

エーリンはこんなことを聞いてきた。「男の人とセックスして痛いなって思ったとき、セックスってこういうものなんだって思ってた。でもそのあと何度も、自分で指を入れてみたんだけど、痛くなることなんて一度もなかった。男の人と寝るのに、なんで痛みを感じなくちゃいけないわけ?」。彼女は、男性とも女性ともセックスをした経験がある。

> 「指を彼女の中に入れて、彼女の腟内をテニスのネットのように分断する、肉質の袋があるのに気づいた。処女膜だった」[3]
> これはナンパの達人といわれるニール・ストラウスが、どんな女性と寝てきたかをまとめた本にある一文だけど、女性のからだについて理解していないことが逆にバレてしまったし、もしかしたらたくさんあるセックス神話の中のひとつからでっちあげたものかもしれない。

女の子が痛みを伴う気持よくないセックスを我慢するために、処女膜神

✳3　Neil Strauss, *The Game* (New York: ReganBooks, 2005), 210　ニール・ストラウス著、田内志文訳『ザ・ゲーム』(パンローリング、2012年)

話は信じられてきたのかもしれない。そうやって、セックスとはこういうものに違いない、痛みを堪えてやるセックスがふつうなんだって刷り込まれてしまう。本当はいつだって、痛みのないセックスができたはずなのに。

処女かどうかなんて当てられっこない

オーケー、これで処女膜が処女発見機にならないってことはわかったろう。でも、なぜはじめてのセックスで痛がる女の子がいるんだろうか？

そのほとんどのケースは、やり方を間違えていることが多い。無理矢理押し込んでいるとか、ものすごく緊張しているとか、準備ができていない（腟がじゅうぶんに潤っていないなど）とか、急いでやろうとしているとかね。はじめてのときに、こんなことにならないほうがいい。この本の後半では、きみが女の子とセックスをするときに、ふたりとも楽しめるようなやり方を具体的に考えていくからね。

生理

えっと、今からぼくの恥ずかしい話を打ち明けよう。はじめて月経期間中の女の子と寝たときの話だ。ぼくらが一緒にベッドに入ろうとしたとき、彼女が突然こう言ったんだ。「ちょっといい？　実は今、生理中なんだ。もしちょっと血がシーツについちゃったりしても大丈夫かな？」

それを聞いて思わず固まっちゃったよ。頭の中にめぐっていたのは、朝目覚めると血でベトベトになったベッドのシーツに横たわる自分の姿。その血はパジャマのズボンにまで染み込んで脚にベッタリと張りついている。その赤い液体は冷たく、そして強い鉄のニオイを発しながら、ぼくの全感覚を支配していく。

「どうしたの？」。彼女が聞いてきた。

ぼくの顔を見て、怯えていることに気がついたようだ。亡霊のように迫りくる生理の恐怖におののく姿を。ぼくは気持ちを正直に伝えると、それは偏見だと彼女が言った。そう、そうなんだ、ぼくは偏見をもっていたんだ。それまで家でも学校でもたくさんの女性に囲まれて生きてきたのに。でも、その中の誰ひとりとして、自分の生理について話す人はいなかった。生理に対しての唯一の手がかりはといえば、ぼくがつくりあげた妄想、言い方を変えれば、そう、偏見だ。

ぼくらはそのあと眠りについた。

翌朝、目が覚めると、シーツには赤黒い経血の小さなしみを見つけたぼくは、彼女にこう聞いた。

「えっと……これだけ？」

生理の亡霊

ちょっと想像してみよう、もし生理が女性ではなく男性にくるものだったら。生理の話題が大声で飛び交う男子更衣室になること間違いない。

「今日すごい重い日なんだよなー。いやマジ、経血ブシャーって感じ！」

だけど、ぼくらはマンコを常に隠さなきゃいけない社会に生きているから、生理だってもちろん恥ずべきことにされている。テレビで流れる生理用ナプキンやタンポンのCMでは、その製品がどれほど吸収力のあるデザインになっていようが、いっさい経血を見せることはない。血液の代わりになっているのがさわやかな青い液体だ。

月経は、女性が排卵中に妊娠に至らなかった場合に、体内から排出する粘液と血液。時期によって見た目が異なり、赤、茶、黒の中間のよ

うな色となる。また、サラサラしているときもあれば、ドロっとして
いるときもある。

　生理の亡霊は男の子たちに、生理中の女の子はみんな変身するものだと、
洗脳してまわってる。満月の夜になると人狼に変身する人がいる、なんて
言いふらすようにね。もちろん、生理中の女の子は幸せの絶頂とは言えな
いだろう。でも、もし目の前にいる女の子がなにかに怒っていたとしても、
それは生理のせいってわけじゃない。彼女を怒らせる原因がなにか他にあ
ったんだ。バカなこと聞いてくる勘違い野郎とかね。

　相手の女の子が生理中でもセックスができるか、多くの男の子がぼくに
聞いてきた。答えはイエス、もちろんできる。生理中だったとしても、お
互いがセックスをしたいと思っていて、経血がほんのちょっとだけ自分の
手やチンコについてしまってもパニックにならないというのなら、いつも
通りに進めればいい★5。シーツに経血がつかないよう、下にタオルでも敷
いておこう。これでもう、生理の亡霊にとりつかれる心配はない。

★5　生理中の腔や子宮は通常よりデリケートで、妊娠の可能性もゼロではないため、本書のP.211〜
225を必ず読んでおいてほしい。

3

愛ってなに？

LOVE

恋 に 落 ち る

　理科の授業が始まったときのこと。ぼくの先生はなみなみに水が注がれたコップを黒板に描きだした。実際のコップの容量よりも少し多めに水が注がれている、と先生が説明する。「では、なぜこの水は溢れてしまわないのか、わかる人？」と、誰かが手を挙げてくれないか、ほのかに期待した様子でクラスのみんなに聞いてきた。

　ぼくは、しらけて寒々しい理科室を見回した。特別なあの子を探していたんだ。あの子の姿が見えないけど、遅刻なんてしたことないから、きっと病気で休みなのかもしれない。となると、数日はあの子に会えないってことか、いや、もしかしたら1週間とか⁉

　ぼくは机の上に突っ伏した。授業が進むあいだ、自分のからだの変化を感じていた。頭の中はなんかぐちゃぐちゃだし、からだに力が入らない。たぶん、ぼくは病気なのかも。あー、ぼくも1週間ぐらい家で休んでたほうがいいのかも？

　そう思った次の瞬間、ガラガラっとドアが開いた。あの子が息を切らし、先生に謝りながらすごい勢いで理科室に駆け込んできたんだ。まわりを見渡し、部屋の後ろのほうに空いている席を見つけると、そこに座った。すると、ぼくの肌にビビビッと電気が走り、目の前がパッと明るくなった。文字通り、ほんの一瞬で、ぼくは病人から健康でハッピーな人間になってしまった。

　ぞくりとした。危険を感じて？　情熱を感じて？　どちらでもありうる。好きに選んでくれ。Bの中の危険か、オレの中の情熱か。たぶん両方だろう。そうと悟って、そのぞくぞく加減にぞくりとした。精

巣をぴりぴりさせながら、オレはうとうとと快い白昼夢の眠りに入っていった。[*1]

恋や愛というのはすごいパワーを秘めている。人の体調をよくも悪くもしてしまう。おかしな行動をとったり、生死に関わる事態だと思い込んだり、お腹が痛くなったり。たぶんなによりも最高なのは、世界中で自分より大切なものを見つけた感覚、宇宙の中心が自分じゃなくなったことを、愛が教えてくれたときだ。

愛にはいろんな種類がある。友達を愛したり、ペットを愛したり。そして愛の対象は家族の誰かかもしれない。多くの人にとって、友達や親きょうだいを、彼女や彼氏と同じぐらい、もしかしたらそれ以上に大切だと思う人もいる。他にも、パートナーをもたず独り身で生きていくのが、パーフェクトな人生だと思う人も少なくない。きみの身のまわりにある愛は、ロマンティックな恋愛だけではないってことさ。

別世界の人に恋しちゃう？

時どき、自分とは別の世界に住む人、直接話すこともできないような人に恋してしまうかもしれない——たとえば、街ですれ違っただけのめちゃくちゃイケてる子とか、有名な歌手や俳優とかね。そんな人を好きになることは、気分がよくなったり、夢心地になったりと、ポジティブな効果がある。ただそれと同時に、自分が傷つくリスクを避けているとも言える。

10代のある時を境にそういった憧れのような恋愛感情は捨てなきゃいけない、身近な人でないと恋愛関係は成立しない、っていう考え方が社会にはあるようだ。おそらく多くの人が、そういった別世界の人への感情は「リアル」な恋愛をするための練習のようなもので、そこに価値はないと考

*1　Aidan Chambers, *Breaktime and Dance on My Grave* (London: Definitions, 2007), 96.　エイダン・チェンバーズ著、浅羽英子訳『おれの墓で踊れ』（徳間書店、1997年）120頁〔Bのルビは訳者による〕

えているからだ。だけど、もしきみが望むなら、そういった恋愛感情でも
もち続けたほうがいいとぼくは思う。むしろ、誰も傷つかないんだから、
それってクールなことじゃない？

　そんな感情をもっているからといって、身近な人との恋愛ができなくな
るわけじゃないんだから。

恋愛願望

　ぼくは早く恋愛したい、と強く願っていた時期があった。特別好きになっ
た人がいたわけじゃないけれど、ただ誰かに恋をして交際したかったん
だ。

　こんな願望をもつことは、そんなにおかしなことじゃない。誰かと付き
合うって、いいことがいっぱいある。さみしいときに抱きしめたり、カジ
ュアルなセックスパートナーとは違うそれ以上の気持ちが入る相手と寝た
りね。それに、友達にバカにされそうなことも、安心して話せる。

　恋をしたい人は、こんなふうに思うことがあるかもしれない。「なんで
自分には恋人ができないんだろう？　自分のなにがダメなんだろう？」。
でもそんなふうに考える必要はまったくない。だって、どうして恋人がで
きる人もいれば、できない人もいるのかなんて、誰にも説明できないから
だ。ぼくの男友達の中で、カッコよくて優しくて、さらにおもしろいなん
ていうヤツらがいっぱいいるけど、そんな理想的なヤツらですら独り身だ
ったりするんだ。見た目や性格がいいってだけじゃダメ。自分の中のスイ
ッチを入れてくれるような人と出会うチャンスがあるかどうかなんだ。そ
んな人に出会うまでは、時どきシングルライフを謳歌したほうがいい。

恋愛のリアル

　いろんなことに当てはまるけど、理想と現実が違うのは、愛についても

同じだ。たとえば映画の恋愛だと、ふたりの人間が出会い、一緒にいると満たされるってことにお互いが気づく。そして、そのトキメキをキープしたままスーパーハッピーエンディングの幕が下りる。

　だけどリアルの世界はどうだろう？　そんな映画のように、愛に夢中になって幸せな日々を常に送れるわけじゃない。きみはすでに知識や経験のあるひとりの人間であり、誰かと関係をもつようになったとしても、きみはきみであるしかないし、地球も勝手に回り続けている。たとえば、悩みがあったとして、それをふたりの関係にもちこんだとしても、消えるわけじゃない。家族や学校、そして自分のことでなにか心配ごとがあるのなら、それは自分で抱え続けなきゃいけないってこと。解決できるのはきみだけで、パートナーには無理なんだ。

　誰かと一緒にいられるからといって、必ずしも常にハッピーとは限らないんだ。いつだって、人を愛するというのは簡単じゃない。ふたりの関係をよくしようと、ケンカに涙、ときに激しいバトルもあるだろう。だからといって、恋愛関係になにか問題があるというわけじゃない。それどころか、ケンカするということは、それだけ愛し合っているからかもしれないしね。

　人生の中で、愛ほどぼくを成長させてくれたものはない。自分以外の他の誰かを思いやることを教えてくれたから。

アプローチ

　ある日、ぼくは学校に遅刻。いつものことだったけど、その日はバレンタインデー★1だったのをすっかり忘れていた。いつも通りの教室、ただひとつ違ったのはサンドラが真っ赤なバラの花束を抱えていたこと。ぼくは彼女の隣に座ると、それを誰にもらったのか聞いてみた。彼女はヨエル

★1　スウェーデンのバレンタインは女性だけが愛を伝えるわけではない。贈り物は花が主流。

からもらったと言う。

「ヨエル!? え? あのヨエル!?」と聞き返すと、彼女はうなずく。

「ついさっき、授業の前にね。ロッカーのとこに急に現れてこれを渡されたの。最初はまさか自分にって思った。でもヨエル、顔を真っ赤にしてね、私のこと好きだって。それでどっか行っちゃった」とサンドラが言う。

教室を見渡すと、確かにヨエルの姿はない。

「それで、どうすんの?」と、ぼくが聞く。

「今日学校が終わったら、電話しなきゃって思ってる。お花をありがとう。でも、あなたとは同じような気持ちにはなれない。ただの友達だって思ってたから、って」

「あいつの気持ち、気づいてなかったの?」

「ぜんっぜん! ほんとにビックリ。1ミリも考えたことなかったもん」

確かにぼくもそんなことになっているとは思わなかった。そういうときって、たいがいまわりも気づくもんだけど、ヨエルは今までそんなそぶりをまったく見せなかった。

ヨエルがサンドラのところに向かって気持ちを伝えたのは、すごく勇気のあることだと思う。ただ、ベストな作戦ではなかったかもしれない。好きだって伝えることで相手を驚かせてしまうと、一度にそんな大きな気持ちを受け止めることができず、結果的に相手を怖気づかせてしまうリスクがある。考えてもごらんよ、もし誰かが予期せずきみの前に現れて愛の告白をしてきたら、どうリアクションする?

きみの気持ちを伝えたいなら、言葉よりも態度で示すのが得策だ。

近づく勇気

ぼくらはみんな、限られた世界の中だけで生きているものだ。たとえば、ぼくたちは学校やパーティーでは、まわりの人たちを無意識のうちにふたつの種類に分けている──知ってる人と知らない人だ。友達の姿が目にと

まれば、その子の話も聞く。でも、それ以外の子たちは背景でしかなくて、存在に気づいてもらえないんじゃないかな。

　裏を返せば、他の人もそうやってきみを見ているということだ。その人たちにとってきみが「知らない人」のひとりである限り、きみは背景の一部でしかない。となると、きみは誰かの目にとまらないし、興味をもってもらうこともないだろう。だから自分からコンタクトをとったり話しかけたりするほうがいい。そうすれば、相手はきみのことを知ることができるし、好きかどうか判断してくれるものだ。

　ただ、もしきみが緊張するタイプだったら、無理に話しかけに行くのはやめておこう。近づいて話しかけるだけのはずが、ひざまづいてプロポーズになってしまうとまずいから！　しゃべってみたら、あまり好きなタイプじゃなかったなんてことも案外あるもんだしね。今すぐ付き合おうなんて考えずに、ちょっと軽く相手の様子を見に行くって感じがいい。場合によっては、なにか理由があると、もっと話しかけやすくなるかもしれない。たとえば、友達との写真を撮ってほしいからって、スマホを渡すとかね。

　気になる相手がいるグループに入ってみるのもひとつの手だ。その中で大丈夫だなって感じるころには、気になる相手に不安なく話しかけられているだろう。

会話の盛り上げ方

　もしきみがシャイだったり緊張しやすかったりするタイプだったら、誰かにアプローチする際にはひとつかふたつ、きっかけをこっそり用意しておくといい。きっかけは、相手と一緒に盛り上がれる会話のトピックで、ちょっとした質問だったらなおいい。

　話しかけたい相手についてなにかちょっとでも知っていて、共通の話題があったら、もうそれが自然なきっかけになるだろう。もし、きみたちが同じ学校なら、「歴史の先生、最近なんか機嫌よくない？　恋でもしてん

のかな？」とか、もしファッション好きな相手なら、「今度、兄貴の誕生日プレゼントにTシャツあげようかと思ってんだけど、ボーダーはもうダサいかな？」なんてね。

　こんな感じで、気になる相手に話しかけるきっかけは、なにか意見を求めるものがいい。「ブルガリアの首都はどこだっけ？」なんていう味気ない常識的な質問は、やめておこう。クイズ番組だったら役に立つかもしれないけどね。

　そのきっかけづくりのネタが尽きてくるころには、恥ずかしい気持ちはもうどっかにいっちゃって、いつのまにか他の話題になるほど会話が弾んでいるだろう。

好きな子からアプローチされたら

　もちろん、いつもきみからきっかけをつくらなきゃいけないわけじゃない。時どき、相手のほうが会話をうまく始めてくれてアプローチされることもある。そんなとき、もしきみが相手に興味をもったら、その気持ちを示したほうがいい。笑ったり、目を見て話したり、相手の話題にまつわる質問をしてみることで、自分もその会話を楽しんでる様子を見せるんだ。もし声をかけてくれたことがうれしかったなら、それをそのまま伝えてもいい。最初にアプローチしたのはきみじゃないんだから、傷つくことはない。そのあと、きみが別の場所へ行くつもりなら、その相手を誘ってみてもいい。

お酒の力に頼ること

　ここからは、きみがお酒を飲める年齢になってからのことを話しておこう。はじめて誰かとベッドに入ったり、セックスをしたりするとき、お酒に酔った大人って結構いる。お酒が入っているときのほうが、大胆になれ

るからだ。もちろん、アプローチや会話を容易にしてくれるよい効果もある。

　だけど、きみのこれからの恋愛や性生活を長い目で見ると、お酒なしでもできるようになっていたほうがいい。酔わないと、話しかけたりダンスを踊ったりできない男性も多いけど、それはのちに面倒なことになるかもしれない。勇気をだすために毎回酔っ払わなきゃいけなくなるってことだからね。もし、お酒に頼ることがあたりまえになってしまったら、飲んでないときに会話やダンスにチャレンジしてほしい。最初は難しいかもしれないから、酔っ払っているフリをしてもいい。いつのまにか、知り合った相手とよくわかりあえ、お酒がなくてもセックスを楽しめたっていう自信がつき勇気がわいてくるはずだ。それに、飲んでいないときのほうが人は賢明な判断ができるしね。

　アプローチするとき、お酒を飲んでいると簡単に感じられるのは、自分に自信がないことを忘れさせてくれるからだ。だけど、もしきみが誰かと一緒になりたいと思うのであれば、きみもその相手も、飲んでいない状態で会ったり、好きな気持ちを感じたりする必要がある。もし、きみの好きな相手が、飲んでいるときにしかキスしたり寝たりしないとしたら、それは悪い兆候だ。それと、ベロンベロンに酔っていたら、その人はセックスに同意することができないってことも、覚えておいてほしい。スウェーデンの法律においては、酔っ払っている状態であったなら、そのときなにを言っていたとしても性的同意をしたことにはならない[★2]。もし、目の前に立てなくなるぐらい酔っ払っている人がいたら、その人とは寝ちゃいけない。なぜなら困っている人を利用することになるからだ。そんなときは、ただの友達になり、家に送り届けるべし（もちろん相手の家にね！）。そして相手に問題がないか確認したら、自分の連絡先を置いてその場を立ち去る。こうすれば、もっといい状況で次を期待できるってわけだ。

　アルコールは、人と楽しく付き合う助けになることもあるけど、いつもそうとは限らない。お酒を飲むと、だるさや苛立ちを感じ、バカげた行為

★2　2021年11月現在、日本の刑法性犯罪には、裁判で暴行脅迫が証明できなければ、不同意の罪に問えないという課題があり、性被害当事者団体や市民団体が改正を求めている[P.226参照]。

をしてしまう人も多い。しらふだったら好きになってくれたかもしれない人を、わざわざ遠ざけてしまうことになりかねない。

　将来、きみがお酒を飲むようになっても、泥酔しないほうがいい。特にお酒をあまり飲まないような人には、簡単に悪い印象をもたれてしまうことになるからね。吐いている姿を見られることほど、アプローチを台無しにする方法はないってことを、しっかり覚えておいてほしい。

知り合っていくこと

　もし気になる人ができたなら、できるだけ一緒に過ごす時間をつくるといい。赤の他人であるふたりのあいだに化学反応が起きているか確認できるからだ。もしその相手が近くに住んでいるなら、無理なくチャンスをつくれるだろう。お気に入りの子やその友達がコンビニにでも行くって言うのなら、一緒について行くといい。みんなが映画に行くと言うなら、自分も観たかったんだよと伝えてみよう。

　もちろんふたりだけで会うってのもいい。最初は、普段の生活に加わるように、その子が日常行なっていることに合流してみるんだ。いつもはひとりだけど今日はたまたまきみと、って感じでね。もしＨ＆Ｍのセールに行くって言うなら、一緒に行けばいい。もしバスを待つって言うなら、暇つぶしの相手になってあげるとか。

　この方法だと、デートみたいにかしこまらないから、あまり緊張しなくてもすむだろう？　でも、友達関係の沼にはまらないように気をつけるんだ。

　これから望む関係を明確にしておかないと、まずいことになる。きみが友達以上の関係を望んでいると伝わらなければ、相手はただの友達としか見てくれなくなるリスクがある。相手にそのイメージをもたれてしまうと、そこから関係を変えるのは難しい。

　拒否されるかもしれないと不安に感じても、相手に興味があるというこ

とを、きちんと示すことが大切だ。気になっていることを示すいちばん簡単な方法は、相手のいいところを伝えたり、軽いスキンシップをすることだ。

　ちょっとしたスキンシップってのは、さりげなく相手に触れる方法だ。特に必要がなくてもね。「ねぇねぇ」って相手を呼ぶときに、相手の腕を軽くつかむとか、ジャケットについた葉っぱを払ってあげるとか、軽くからだのどこかを接触させるんだ。もし、相手も同じように触れてきたら、うまくいってると思っていい。でも、少しでも相手が、これ以上近づかないでほしいって感じだったら、すぐに離れてやめておこう。

　ただ、誤解されないように、あえてここは強調して言いたいんだけど、スキンシップはエッチな気分を満たすものじゃない。相手の肩を触ることで、好意を伝えることができる。でも、突然相手のお尻を触ったら、キンタマ蹴られたいのか！　と思われるのがオチだ。

3 愛ってなに？

相手からのサインの見きわめ方

＊笑顔や褒め言葉、軽いスキンシップはきみに好意をもっているからかもしれない。

＊きみに意見をもとめたり、生活やきみ自身のことを聞いてくるのなら、その子はきみのことをもっと知りたいと思っているだろう。

＊気がつけばいつも自分のまわりにいるなと思ったら、その子はきみと一緒にいるのを楽しんでいるんだろう

＊気になる相手から、会う時間がないって言われ、電話やメッセージもこないなら、もう脈なしか、ただ遊ばれているだけかもしれない。

＊かといって、あまり考えすぎないこと。自分のささいな言動についてみんなさほど気にしていないもの。細かい部分だけじゃなく、も

っと広い視点をもてば、相手がきみに興味をもっているかわかるはずさ。

SNSでの出会い

今の時代、いちばん簡単に出会いを見つけられるのは、ソーシャルメディアやスマホのアプリだ。ソファーに寝転びながら、一度に何千もの人にアクセスできる。面と向かって話すのではなく、アプリ上でチャットをしているときは、少し距離を感じるだろう。緊張しなくてすむから、その距離感が好きだって人は多い。また、その距離をどう縮めていくか、考える時間をもてるのもSNSのメリットかもしれない。

ただ、残念なことに、この距離感ってのはいいことばかりじゃない。チャットしている相手がリアルな感情をもつ人間だってことを忘れがちになるからだ。オンライン上では、ひどく失礼な態度をとる人も中にはいる。相手の怒りが見えないのをいいことに、悪びれることもなく敵意のある言葉を送ってしまったり。これまでの経験から言うと、リアルで話す人と同じ距離感で、同じだけの敬意を示して対応したほうがいい。

もしきみがオンラインで知り合った誰かとメッセージのやりとりを始めたら、段階的に少しずつ相手との距離を縮めていくのがいい。たとえば、電話をしてみたりビデオ通話をしてみたり。そうすれば、お互いにリアルに存在する人間だって確認することができる。これで、実際に会うときのハードルが少し下がるだろう。

もしお互いに会いたくなったら、まわりに人がいるようなところを提案したほうがいい。お腹が空いてないか聞いたり、日差しの中で散歩したり。まわりに人がいれば、もし相手がヤバいヤツだったとしても安全を確保できるし、相手にも安心感を与えることができる。もし、待ち合わせ場所が

ホラー映画のワンシーンのような人気のない通りだったら、相手が不安になってしまうだろうしね。

アイツも男、好きかな？

　もしきみの好きな相手が女の子であれば、彼女の恋愛対象が男の子である可能性は高いだろう。でも、もしきみが好きになる相手が男の子だったとしたら、その子も男の子が好きな確率は10分の1だ。だから、無駄な努力になる前に、好きになった相手の恋愛対象を確認しておくのもいいだろう。

　まずは、お決まりのヒントがあるかチェックしてみよう。レインボーのマークが入ったバックパックを背負ってるとか、ヘテロ（異性愛）の男の子たちからなにをどう思われようが気にしてなさそうだとか、彼の元カレがきみに敵意を抱いているとかね。だけど、もしそんなわかりやすいヒントが見当たらなかったら、なにかゲイコミュニティに関係あることを話してみるといい。

　もし自分の住んでいる街に、若者向けのLGBTQ＋コミュニティとかグループがあれば、彼にどう思うか聞いてみるのはどうだろう。または、ドラマや映画なんかに出てくるゲイの登場人物なんかを話題にするのもいいかもしれない。「映画『ムーンライト』★³観たことある？」とか、「アニメ『ユーリ!!! on ICE』★⁴は？」とかね。あとは出会い系アプリの話題を出してもいいかもしれない。「どんな出会い系やったことある？」なんて聞いてみたりしてね〔18歳未満は利用できないから、注意してほしい〕。

　もし、彼がキョトンとしちゃったり、なんの話をしているかわからない様子だったりしたら、おそらく彼は男の子が好きではない可能性が高い。好きになるヤツであれば、そういうテーマのエリアや映画、サイトの情報を調べているはずだからね！　違っているようだったら、何事もなかったかのように話題を変えればいい。

★3　バリー・ジェンキンス監督による2016年のアメリカ映画。黒人社会、貧困、ドラッグ、同性愛などがモチーフになっている。
★4　2016年に日本で制作されたフィギュアスケーターが主人公のテレビアニメ。

ただ、それで望みが絶たれたわけじゃない。もしかしたら、彼もきみに出会うまで、自分が男の子を好きになることに気づいてなかっただけかもしれないからね。

もしきみ自身が他の男の子に声をかけてほしいと思うんだったら、男の子が恋愛対象であることをオープンにしておいたり、レインボーマークがついたなにかを身につけておいたりすると、きっかけにつながると思うよ。

友達以上、恋人未満？

時に恋は、いたちごっこのように、かけひき状態に陥ってしまうことがある。ふたりのあいだにあるのはなにか言いたげな視線とはにかんだ笑顔だけ。一緒に過ごした時間は長いけど、なにも起こらない。そんなときは、きちんと向き合って自分の気持ちを伝え、相手の気持ちも聞くといい。

そうじゃなきゃ、永遠のいたちごっこから抜け出せないリスクがある。実際、相手の気を引いてはその様子をうかがうのは楽しいことだ。きみの好きな相手は、ただ構ってほしいってだけで、付き合うつもりはないかもしれない。もしくは、自分ではなかなか言い出せず、きみが最初のきっかけをつくってくれるのを何カ月も待っているのかもしれない。そんなときは、きみの望み通りになるか確証はないけれど、自分の正直な気持ちを全部さらけ出してみる価値はある。その結果、最悪のシナリオになったとしても、一歩前進だ。そこから新しい恋をまた探せばいいんだから。

断られるのが怖い？

ここからちょっと厳しい現実を伝えるけど、準備はいいかい？　世の中のすべての人がきみのことを好きになるわけじゃない。世の中のすべての人がきみと恋に落ちるわけじゃない。世の中のすべての人がきみと寝たいわけじゃない。きみだって、通りで見かけた子を全員ナンパしたいわけじ

ゃないだろ？　他の人もそれと同じこと。出会った人のほとんどは、きみと付き合いたいと思うわけじゃない。きみがどれだけイケメンで、頭がよくて、おもしろいヤツだったとしてもだ。

　だから、いつかは、拒否される苦しみを味わうことになるだろう。でも、断られたからといって、きみがなにか間違ったことをしたなんて考えなくていい。

　自分の想いを拒否されるというのは、痛みを伴うものだ。でも、なにも恐れることはない。経験が増えるたび痛みに少しずつ慣れていく。その積み重ねから、自尊心を守ることを覚えていくんだ。誰とでもうまくいくなんてはずはない。でも人生とはそういうもんだ。もし断られたとしても、きれいさっぱりあきらめよう。

　もし、何回も断られてきたというのなら、まずぼくはきみに賞賛の言葉を送りたいと思う。「ノー」を言われ続けてきたのは、きみがアタックし続けてきたからだ。何度も断られてきたのは、きみがトライし続けて、逃げなかったという証だ。それって本当に素晴らしい！　断られた経験がゼロより、100回断られたほうが絶対にいい。ゼロってことは、挑戦すらしていないってことなんだから。

キス

　学生時代の友達で、付き合っている女の子とキスしたがっている友達がいた。人生ではじめてのキスだ。だから彼の家で作戦会議をすることにした。あいにく、ぼくもキスしたことがなかったから、アドバイスなんてできっこない。しかもぼくは友達よりさらにシャイだった。結局、彼はキスする目標の日を決めたけど、その日がきてもできなかったらしい。

　ぼくのファーストキスはもっと簡単だった。突然のサプライズだったか

らね。ある日、よく通っていた地元のユースクラブ★5で、ぼくは見かけない子がいることに気づいた。その子もぼくに気づき、お互いに気になる感じで何度も目が合ううち、ドキドキするような緊張感がふたりのあいだに生まれた。でもぼくは気が小さいタイプだったから、向こうから近づいて声をかけてくれた。

　ぼくらはソファーに座って話しはじめた。そのとき、なにをしゃべっていたかなんて全然頭に入ってこなかったよ。だってぼくらのあいだのビビビッて緊張感がすごすぎたからね。それは目の前にいる人にめちゃくちゃ惹かれてて、相手も同じように感じてくれてるってわかったときに起こる化学反応だ！

　そんなとき、その子が突然ハンドクリームを出して、自分の手に塗りはじめたのを見て、ぼくは言った。「ハンドクリームだなんて、きみ、ちゃんとしてるね。ぼくもやんなきゃ。ほら見てよ、ガッサガサ」。

　「じゃ、手貸して」。そう言ってぼくの手をとると、自分の手についたハンドクリームをぼくの手に塗ってくれた。そのままぼくらはキスをした。湿っていて、相手の舌が自分の舌に触れる感覚は、ぼくが想像していたのとずいぶん違うものだった。

ステップ・バイ・ステップ：キスのし方

1. 相手のいいところを伝えてあげると、きみが好意をもっているってわかってくれる。
2. 軽いスキンシップをしてみる。たとえば、「トップスが似合ってるね」なんて言いながら相手の腕にそっと、そしてちょっと長めに触れてみるんだ。相手のからだに触れる場所がいきなり唇になるより、少しずつ距離を縮めていくほうが落ち着いてキスのタイミングを迎え

★5　スウェーデンの自治体などが提供している若者向け（13〜20歳ぐらい）のクラブのこと。若者の社交の場となっており、ボードゲーム、スポーツ、音楽などのコースがある。

られるはずだ。ぼくのファーストキスのように、ハンドクリームを塗ってもらったプロセスは、まさにそれだ。

3. 少しずつ相手に近づいていく。でも一気にいくのはやめておこう。相手のリアクションをちゃんと読むんだ。もし相手が気後れしているようなら、その場は引いたほうがいい。でも、相手もかなり近づいてきて、唇を軽く開いて目を閉じているようなら大丈夫、いっちゃおう！

キスのテクニック

キスには大きく分けてふた通りある。ひとつめは、舌と舌が接触するものだ。相手の舌をなめるようにしてもいいし、円を描くように舌をくねらせながら動かしてもいい。気を張らずに、感じるままにやればいい。それだけで素晴らしいキスになる。

もうひとつは、唇を使ったキスだ。ディープキスの途中に、唇をただ軽く重ね合わせたり、自分の唇で相手の唇をなでるようなキスを挟んでもいい。

キスの素晴らしいところは、他にもいろんな方法があるってことだ。毎回同じにする必要なんてない。ベストな方法は、そのキスに身を任せることだ。目を閉じて、自分が自分じゃなくなっていく感覚、キスをしているふたり以外、なにもない世界に入り込んでしまったかのように。

キスのあいだに考えること

＊キスは何分も続けなきゃいけないなんてことはない。キスをしたり やめたりを繰り返すことで満足感を得られるから、休みを入れてブレ スをしよう。

＊舌を無理矢理奥深くまで入れる必要なんてない。最悪の場合、不快 になったり、相手を息苦しくさせてしまうかもしれない。せめて、 入れるのは半分ぐらいからトライしてみよう。

＊キスのあいだは、できるだけ口じゃなくて、鼻で息をするのがベス トだ。

＊相手の唇のまわりを、唾液でベトベトにしないように。嫌がる人も いるかもしれないからね。

＊もしきみに無精ヒゲが生えていたら、相手はチクチクしてキスどこ ろじゃなくなる可能性もある。最初はあまり顔を動かさないように しておいたほうがいい。

＊キスをしているあいだ、相手の首にやアゴに手を添えたり、手ぐし を入れるように頭をなでたりするのもいい。

いい人

　ぼくの中学生時代、女の子たちの視線を集めるのは、たいがい決まった タイプのヤツらだった。いつも悪っぽい雰囲気で、外でもないのに唾を吐 いたり、悪っぽさをひけらかしたり、後輩をいじめては楽しんでいるよう なヤツらだ。

今じゃそういうタイプだけがモテるとは限らないかもしれないけど、変わらないところもある。ぼくが仕事でいろんな学校をまわっていると、男の子たちが口々に「女の子たちはいい人を好きになってはくれない」と文句を言っている。でも、それって本当なのかぼくには疑問だったから、女の子を集めてインタビューしてみることにした。すると、その場にいた女の子みんなの意見は一致していた──女の子はいい人が好き。

ナシィームはその中のひとり。彼女は、あるタイプの女の子がいつも男の子たちの人気を集めるという話を始めた。

「ちょっとスカートの丈が短めで、目立つために他の子より化粧もバッチリ決めてる子。そしてそういう子たちは、同じように目立つタイプの男の子たちと遊んでる。ちょっとやんちゃですぐ女の子にちょっかいを出すようなヤツらって感じかな。でも、そういうタイプの女の子って、学校の中を見回してもほんの一握り。それ以外の女の子に話しかけるヤツがいないほうが問題だと思うけど？」

ナシィームにとっては、実際そういう特定のタイプの女の子しか誘わない男の子たちにも責任がある、ということらしい。でもナシィームも、不満のある男の子たちに共感する部分もあるようだ。

「クラスの中心になりたいがために、幅をきかせたりじっとしてられないヤツらがいるにはいる。いやでも目に入るから、みんな彼らの存在ばかり認識する。ってことは、他の子たちの影が薄くなって、話したことすらないってことになる。だからもし、いい人たちがもっと話しかけてくれるなら、女の子たちだってもっとそういう子たちに気づいて、一緒に過ごしたいって思うんじゃないかな」

スマートに注目されるには

女の子を好きになるきみがいい人だったからといって、その他大勢のうちのひとりになる必要なんてない。ここで紹介するのは、教室で女の子に

ちょっかいを出したり悪目立ちしたりせずに、自分をアピールできる方法だ。

* **まわりにいるどの女の子とも、友達として話そう。**こうしておくと、後のち好きな子と話しやすくなる。

* **誰にでも、平等に声をかけ、優しく接しよう。**人気者でも、オタクでも、その中間のタイプでも、軽いあいさつ程度でいいから声をかける。普段は違うグループにいる人たちとも話してみる。こうやって多くの人に接点をつくっておくことで、きみも話しかけられやすくなる。

* **女の子の友達をつくろう。**もし女の子といい友達関係が築けるようになれば、警戒されることはなくなり、きみも男友達と同じように、意識せずに接することができるようになる。女の子はミステリアスで自分とは違う生き物だっていう先入観がなくなり、より理解しやすくなるだろう。

* **普段は目立たない人も気にかけてみよう。**ぼくの経験上、普段静かな人ほど、おもしろかったりする。

* **カッコつけてるヤツを悪く思わないようにしよう。**そういうヤツを好む女の子のこともだ。彼らには彼らなりの理由が当然あって、そんな生き方を選んでる。彼らの気持ちを完全に理解することは不可能だ。もしかしたらそのタフガイも、彼女とふたりきりのときは、めちゃくちゃ穏やかで優しいヤツなのかもしれないしね。

付き合うこと

きみが誰かと付き合いはじめて、慣れてきたころ、できるだけ早く話し

たほうがいいふたつのことがある。 ひとつめは、ふたりの関係を確認する ことだ。付き合っているのか？ これはデ ｜ なのか？ それともただの遊びなのか？ ふたりの関係性をきちんと確認せずに交際に発展していった友達を何人も見てきたけど、数週間後、相手より真剣なものだと考えていたために、傷ついたというケースもある。

　そしてふたつめ、ふたりの関係を続けるにあたって、必要なルールについて話し合ったほうがいい。交際期間中、他の人としてもいいことはどんなことか。このポイントに関しては人によって考え方がずいぶん違う傾向がある。他の誰かとふたりきりで出かけても大丈夫と感じる人もいれば、他の人と寝てもかまわないっていう人もいる。でも、他の人とは出かけてほしくもないし、なにもしちゃダメ！ って考える人もいる。こういったことについてクリアにしておかないと、後のちどちらかが傷つくことになる。

　こんな基本ルールを決めるとか、話し合うのって難しく感じるかもしれない。でも、ここはちゃんと慣れておくべきだ。付き合って一緒に過ごすということは、よく話し合い、理解し合うことなんだ。

話し合う

　交際を始めてからのよくある悩みは、寝ても覚めても一緒にいたい時期をすぎたころ、どちらかの息が詰まってしまうことだ。もっと自分の友達と遊びたい、自分の好きなことをして時間を過ごしたい、なんてね。もちろん相手との交際は続けたい、でもそれが自分の人生のすべてになっていくのは考えられない。

　そんなとき、いちばんやっちゃいけないのは、自分の気持ちに反して、24時間年中無休で相手と過ごしたり、仮病をつかって家にいるふりをしながらこっそり友達と会ったりすることだ。この問題を解決する適切な方法は、座って話すこと。お互いに自分の気持ちや考えてることを伝えれば、

どちらも納得できる解決策に向けて交渉できるってもんだ。

　特に交際期間が長くなるにつれて、大小さまざまな問題が浮上してくるもの。電話の回数から、今日は一緒になにをするかまで、あらゆることに関わってくる。ふたりのあいだにコミュニケーション経路を保っておけば、もしなにか問題がでてきても、解決できるはず。でも本当の気持ちを伝え合わなければ、問題は溜まる一方、解決が難しくなる。

　ぼく自身、恋愛するようになってからは「なんでいっつも話し合わなきゃいけないんだ！」ってずっと思ってた。ぼくは深刻なことを話し合うのに慣れてなかったし、人の話を聞くのも下手だった。悩みがあっても、それに向き合わずに問題ないフリをしたり、セックスでごまかしておけば問題を解決できると思ってた。だから、直接話し合うことはめんどくさかった。でも数年後、恋愛経験を積み重ねていくごとに、話し合うということが長い関係を築いていくために不可欠だってわかったんだ。

エクササイズ：問題を解決する

　ふたりのあいだで抱えている、取るに足りない問題をひとつ選び、ペンを1本用意して座る。そのペンは「告白ステッキ」の役割を果たす。話したいことがあれば必ずそれを持たなければならない。つまり、そのペンを持っていないほうは、相手が話しているあいだ遮ってはいけない。この告白ステッキを共有して、平等に話せるようにしよう。

　まずは、今どんな気持ちでいるのか、お互いに伝えてみよう。そして、実際に抱えている問題について話してみるんだ。その問題についてどう考え、感じているか、お互いに伝えていく。でも、ふたりの考えや気持ちがわかるまでは、解決方法をいっさい提案しないこと。

　お互いに出し切ったら、納得できる解決策を可能な限り出し合い、

その中からふたりとも満足する方法をひとつ選ぶ。そして、気持ちを
伝え合って終わりにしよう。

口論は誰しも通る道

　誰かと付き合っているとき、口論になったりケンカになることもあるけ
れど、必ずしもふたりの関係になにか問題があるとか別れなきゃいけない
ということにはつながらない。それどころか、意見の違いを率直に話すの
はいいことでもある。カップルによって口論になる頻度は違う。でも、い
くらのんびりしたカップルでも、一度も口論にならないなんてありえない。
きょうだいがケンカなしには成長できないのと同じように、こころの距離
が近くなればなるほど起こる自然の法則みたいなものなんだ。

　口論になると、人は怒り、悲しみ、そしてなにか非難されているように
感じるかもしれない。当然のことだけど、そんな状況では、これから紹介
するリストを思い出すのは難しいだろう。でも、相手と言い争いになった
ときには、是非このリストを読み返して、自分たちはどうだったか振り返
ってほしいんだ。ときに、口論は非建設的になってしまうこともある。で
も、ふたりの関係をよりよい方向へと導いて成長させるために、ぼくたち
は建設的に議論することだって可能なんだ。

口論になったときのアドバイス

＊問題を取り上げるのはひとつずつ。例として、きみはなかなか会え
　なくて怒っているし、同時に相手の妹や弟をうっとうしく感じてい

たとしよう。その場合、問題をひとつずつ別々に解決していくんだ。このふたつを同時に話し合ってしまうと、いつまで経っても口論は終わらない。

* 相手の話を聞く。口論がヒートアップしてくると、相手の言っていることが本当にムチャクチャで、ただ否定したいだけじゃないか、って感じることがよくある。それでも、一旦は相手の話を聞いてみるんだ。メッセージに返事をしてくれないという不満にも、実のところは別の理由が隠されているかもしれないよ。

* 個人の人格を否定するような言葉で責めるのはやめよう。きみは相手が浮気をしてないか心配になっている。それなら、そう伝えればいい。絶対に相手のことをヤリマン！なんて言葉で攻撃しちゃいけない。

* 本当は関係のないことで、イライラしていたら、それを認めるべきだ。きみは相手が30分遅刻したことに腹を立てているかもしれないけれど、本当は部活でレギュラーから外れちゃって八つ当たりしてたってことはなかったかい？

* 口論＝別れじゃないということを肝に銘じておいてほしい。口論は、相手のことが好きで関係を継続させるため、単に問題を解決する行為とも言えるのだから。

* 何時間も泣いたり叫んだりして問題解決できたなら、そのあとには燃えるような仲直りのセックスが待っていることもある。

恋人は所有物じゃない

　人って生き物は、ときどき嫉妬する。かいつまんで言うと、嫉妬というのはたいてい相手ではなく、自分自身の問題なんだ。相手との関係に幸せ

を感じていても、いつか愛する人に捨てられてしまうのではないかという恐怖や不安は拭いきれないかもしれない。その気持ちが、自分のパートナーやまわりの人たちを疑いの目で見るようにさせてしまう。

　もし、きみかパートナーのどちらかが嫉妬したときは、きちんと話し合う必要がある。なにが嫉妬へと駆るのか。ふたりの仲が本当にやっかいなことに発展しているのか、それとも嫉妬深いほうがそう思い込んでいるだけなのか。

　覚えておいてほしいのは、付き合ったからといって相手は自分のものになったわけじゃないってこと。その逆も然り。付き合っている人がいるとしても、意思決定するのは自分自身だ。パーティーに行ったり友達に会ったりしたいのなら、それを止める権利は誰にもない。しかしだ、嫉妬する相手の気持ちはしっかり受け止めよう。ぼくたちはちゃんと愛していることを相手にもっとわかるよう伝えていくべきじゃないかな。

セックスは義務じゃない

　はじめてのデートでセックスをする人も多いと思う。でもデートだからといって、必ずセックスしなきゃいけないわけじゃない。かつて、新婚夫婦は子孫を残すために、セックスすることを期待されていた。でも現代においては、恋愛感情がなくてもセックスをしていいし、セックスをしなくても恋愛関係を築ける。

　パートナーもきみ自身も、相手の性欲を満たしたり、性的ファンタジーを叶えたりする責任はない。愛という言葉を利用して、パートナーにセックスを迫るなんてとんでもない。本当に愛していれば、相手がしたくないことを強制することはないはずだ。

　でも、ふたりともセックスしたいんだったら、しない理由はどこにもない。

平等な関係

　ふたりの関係が、完全に平等になることはほとんどない。どちらかのほうが、力関係において、なにかしら強みをもつことが多い。好きの度合いに差があるカップルを思い浮かべてほしい。好きの気持ちが弱いほうが、好きの気持ちが強いほうに比べて優位に立ち、相手をコントロールしたり物事を決めやすかったりすること、想像がつくかな？　あと力関係は、付き合いはじめたときの立場によって決まったりもする。片方は人気者、もう片方はそうでもないとどうなる？　どっちかが年上だったら？　あと男性どうしのカップルの場合、片方はカミングアウトずみだけど、もう片方はそうでないとどうかな？

　いろんなパターンがあるけれど、おそらく男性と女性の関係性にもっとも差が生じる。グループとして見たとき、男の子や男性というのは社会の中でより力をもっていて、強引に物事を進めても男だからと許されることが多い。一方、女の子や女性はまわりに気配りできることを期待されがちだ。

　恋愛関係において、パワーバランスに差があることはどちらにも悪影響を及ぼす。弱い方は自尊心が低くなり、逆に強い方はわがままになって、人を不快にさせる恐れがある。だから、恋愛関係において、お互い対等でいるためにはさまざまな努力が必要になるし、優位に立つ者がより努力を重ねる責任がある。

　平等とは、お互いに同じ分だけギブ＆テイクができるってことだ。きみが落ち込んでいるときに話を聞いてくれたなら、相手が落ち込んでいるときはそれと同じだけ話を聞いてあげよう。

　お互いが同じ分だけ、決定権をもつことが平等であると言える。この週末にきみの仲間と一緒に遊んだのなら、来週末は相手の友達の集まりに顔を出したほうがいいだろう。

　恋愛において、同じ条件の下でお互いの要望に応え合う、これが平等っ

てことなんだ。

感情のジェットコースター

　ぼくは恋愛初心者だったころ、いつも考えすぎなところがあった。「ぼくは今恋をしてるのだろうか？」「今のこの感覚が、恋ってやつ？」「この恋は昨日と同じ恋なのかな？」

　最近、同じようなことを考えていたと教えてくれた友達がいた。ターレックだ。

　「オレは自分の感情を常に分析してたんだ。リラックスしたことなんてなくて、感情をコントロールできなかった」

　ターレックは、ある日は信じられないほど恋をしていたはずなのに、別の日にはなにも感じなくなったり、テストの前にストレスを感じたり、親に対して腹を立てたりしてたと教えてくれた。そこに恋をしているという気持ちはなかったと言う。

　「そんな状況にオレは不安を感じた。自分の気持ちが足りないんじゃないか、もしそうならこの状況を打破しなきゃって。でも翌日目が覚めると、急に気分がよくなって、またこれからもパートナーとずっと一緒にいたいって思ったりしたんだ」

　映画の世界では、カップルは常に強く愛し合っているように見える。でも現実世界の愛には波があるもの。飲み込まれそうなほど大きい愛もあれば、その愛を感じられないほどのさざ波のときもある。気持ちが高まらなくても、付き合い続けるかどうかは自分次第。けど、付き合いはじめのようなトキメキが感じられなくても、別れる必要はない。長いあいだ付き合っている多くのカップルたちは、愛し合っていることに時折気づく、友達のような関係だ。

エクササイズ：プレゼント

このゲームは、お互いの好きな気持ちを確認して、自分たちの感性を磨けるいい方法になる。ふたりともささやかなプレゼントを3つずつ買っておく。たとえば、きれいな羽根、レゴ、小さなテディベア、ちょっとしたお菓子のような、すぐ思いつくものにしておこう。でも、その先は想像力をはたらかせよう！

まず、ひとりが上半身裸で枕の上にうつ伏せになって、パートナーがなにをしているか見えない状態になる。もうひとりはプレゼントのひとつを取り出して、ベッドにいるパートナーの背中や腕にそのプレゼントを滑らせていく。うつ伏せになっているほうは、そのプレゼントがなんなのかを当てるというわけだ。3つすべてを当てたら、そのプレゼントを確認できて、攻守交代だ。

別れ
....

ダンはフリーダと出会ったとき、彼女をどれだけスペシャルに感じたかよく覚えている。フリーダは強く、自立心があって、1歳年上だった。もともとは友達の友達どうしだったふたりは、とあるパーティーで出会い、すぐに惹かれあい、その日を境に毎日会うようになった。

でも2カ月目に入ると、関係は下り坂に差し掛かった。

「彼女はささいなことに腹を立てた。ある時、あるバンドのファン歴は彼女よりぼくのほうが長いって言ったら、それで激怒。実際には他のことで怒っていたってのはわかってた。ぼくのことに飽きはじめたんだ」とダ

ンはこぼす。

　フリーダは日に日に、会う頻度を減らしているようだった。ダンは距離を置いて、下手なことをしなければ、また元通りになるだろうと考えていた。彼女のことが好きだったから、関係を続けたかったんだね。そしてある日、ダンの外出中にフリーダからスマホに連絡があった。

　「話があるって、言われたよ。だから、別れたいんだろって返したら、そうだって。電話を切ってそばにあったベンチに座り、そのまま泣いたよ」とダンは振り返った。

　フリーダは、その後あれこれ言い訳して会うのを避けていたが、1週間後、ようやくカフェで会うことに同意した。

　「それができてよかったよ。はっきりこれで終わり、って言われたんだ。正直、自分の未練を断ち切るためには、その言葉を聞く必要があったんだ」

　その後、落ち込んでいるダンをまわりのみんなは支えてくれたようだ。でもその話をしたときのみんなのリアクションは、いいものもあればそうでないものもあったらしい。彼の親友は、気を紛らわせるために、パーティーをセッティングしようとしていた。でも、ダン自身は、悲しみを克服する時間が必要だと感じていた。

　「おもしろいなって思ったのが、ベストなコメントを言ったのは、母親だったってこと。フリーダは自分がなにを望んでいるのか、まだわかってなかっただけ。またいつか、いい人が見つかるわよ、ってね。」

　ぼくがそのエピソードを聞いたのは、別れ話から1年後くらいだったと思う。でもダンは、彼女のことでまだこころにしこりを抱えていたようだったけど、今ではずいぶん楽になったようだ。そして彼はこう締めくくった。

　「もうこれは終わったこと、あれ以上修復するのは無理ってことを受け入れてきた。フリーダの感情をぼくはコントロールできないし、ぼくも怒っているわけじゃない。別れを切り出すほうだって、相手を傷つけようと思ってするわけじゃない。単に以前と同じ気持ちをもてなくなっただけな

んだ」

気持ちを吐き出せ

　好きだった人に捨てられたという現実に向き合うことは、人生でもっとも辛いことのひとつだ。くる日もくる日も、こころにぽっかり穴が開いた状態でさまよっているような気持ちになり、自分には価値がないと感じてしまう。こんなときは、感情にフタをして自分をごまかすのではなく、悲しみをきちんと消化するほうがいいんだ。自分の感情を小さな箱に詰めておいても、いつか満杯になり、あとで対処するのが難しくなる恐れがある。

　ダンはもともと社交的なヤツだったから、まわりの人に話を聞いてもらえたようだ。みんながみんな、ダンのように正直に話せるわけじゃないかもしれないけど、いずれにせよ自分の気持ちや考えを打ち明けられる人がいるのはいいことだ。残念なことに、理解してくれる友達や大人がまわりに見当たらず、話し相手が見つからないこともあるかもしれない。そんなときは、自分の気持ちや考えをノートに書き留めておくことで、気分が晴れるはずだ。

　落ち込んでいたとしても、すぐにできることの中から、楽しいことや気分があがることを探してもいい。そうすれば、別れたあとの辛い時期を乗り越えることができる。特別な人が去ってしまっても、人生とはふたたび素晴らしいものになるんだと、いずれ気づくはずだ。

別れを告げられたら

＊別れを告げてきた相手のことを悪く思わないこと。また、相手のことを悪く言ったり、悪い噂を流したりしないこと。別れた相手も、

自分の感情をコントロールできないし、悲しんでいるかもしれない
のだから。
* あいまいにしないこと。もし本当に修復の余地がないのなら、別れ
を告げるほうはそれをはっきりと伝えるべき。納得できれば、きみ
はまた次のステップへと踏み出せる。
* 本当に辛いときは、思い切り泣くことで気分が晴れる。

傷つけたくないから

　ジャマルは、はじめて会う人とでも、笑ったりくだらないジョークを言ったりするのが得意なヤツ。彼は、いつも通っている近所のユースクラブで、元カノのジェニーと出会ったんだ。

　ジャマルはジェニーが本当に好きだったし、ふたりの関係はうまくいってた。でも、時間が経つにつれ、ジャマルの熱は冷め、彼女と別れたいと感じていた。問題は、別れを切り出すのは無理だと考えていたこと。

　「ジェニーはわかりやすいぐらい、オレのことを好いてくれていた。オレのほうが1歳ぐらい上だったから、ちょっとした憧れみたいなものもあったかもしれない。オレが別れたいと言ったら、彼女が取り乱すことも目に見えてたよ」とジャマルは言う。

　そして、ジェニーを傷つけないために計画を立てた。逆に彼女が別れを切り出したくなるように、態度を少しずつ変えていった。まずは、デートの約束には毎回わざと遅刻して、前ほどは頻繁に会わないようにした。それから、ほとんどの時間を友達と遊ぶために費やした。

　でも、その計画は失敗に終わった。ジェニーはまだ彼と一緒にいたかった。

　「本当は辛いはずなのに、それを我慢して、オレのクソみたいなやり方

に付き合ってくれてる彼女を、もう見ていられなかった。別れなんてあり
えないぐらい、彼女はオレを好いてくれていたらしい。ダサいやり方だっ
て、自分でもわかってたけどさ」とジャマルは続けた。

　そしてついに、ジャマルはジェニーに切り出すことにした。もう好きな
気持ちが残ってないことを伝え、それを聞いた彼女は泣き崩れた。簡単な
ことではなかったけど、結末を迎えられたことに、ジャマルはホッとした。

最善をつくすしかない

　ジャマルは、あの別れ方を本当に後悔している。好きじゃないって気づ
いたら、すぐにきちんと終わらせることこそが気遣いだったと振り返る。
彼が先延ばしにした方法は、どう考えてもジェニーを傷つけたし、もくろ
み通りに彼女が別れたがるよう仕向けることもできなかった。

　当然、誰かを傷つけてしまうのはひどい行為だ。でも、避けられないこ
ともある。そんなときは、相手が新しい道に進めるよう、できるだけ早く
関係を終わらせるのがベストだ。この関係は続けられないとはっきり伝え
るんだ。その姿を見るのが辛くても、相手の話を聞き、泣きたいようなら
泣かせてあげる。そして、なにか聞かれたら、きちんと答えてあげてほし
い。

　別れを切り出されたほうは、自分になにか問題があると考えがちだ。「た
った数週間前までずっと一緒にいたいって言ってたのに、なぜ……？」な
んて考えてしまい、自分がなにか悪いことをしたから、別れたいなんて言
い出したんじゃないかと思いをめぐらせているかもしれない。しかし、関
係を終わらせたい理由は相手の性格のせいではなく、自分の気持ちが変わ
っただけかもしれない。別れを切り出す側にとっていちばん重要なことは、
魅力がなくなったのかも、セックスがよくなかったのかもなんて、相手が
自分自身を責めないようにしてあげることだ。

別れを告げる方法

＊電話やメール、テキストメッセージ、手紙、メッセンジャー、電報、
　伝書鳩、のろしなんかで告げるのはご法度。顔を合わせて直接伝え、
　じゅうぶんに会話すること。
＊ふたりだけで話ができる場所を選んで伝えること。
＊この関係がもう終わりだと、はっきりさせること。

３　愛ってなに？

4

リスペクト

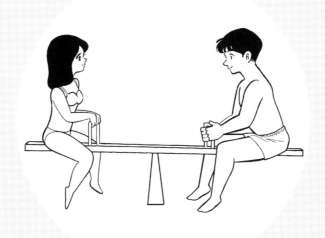

RESPECT

リスペクトの伝え方

愛とセックスを上手に楽しみたいのなら、リスペクトを示すことが必要だ。[日本語の《リスペクト》は「日本代表金メダルだって！　まじリスペクト！」など、偉業や優れた業績を称えたり、目上の人への敬意を表したりする状況で使われることが多い。でも、この本では「他者の感情、願望、または権利をじゅうぶんに尊重する」という意味合いだ]。

人は多かれ少なかれ、リスペクトとは逆の扱い、すなわち、見下されたりバカにされたりといった経験があるだろうから、そのときどんな気分だったかはみんなわかるはずだ。リスペクトしない人間は、自分が他者よりも優れていると勘違いしていて、それを見せつけるために、他人に対してひどい扱いをしてもいいと思ってるんだ。

どんな関係でも、人と人とのあいだには、リスペクトが必要だ。他者をリスペクトしない人間がいたとき、ぼくらはすぐ気づくもの。そんな人に、誰が自分の重要な秘密を打ち明けるというのだろうか。誰かと知り合い、お互いを理解していくためには、常にリスペクトが必要だ。これは、きみが付き合っている人、セックスをする人、そしてそれ以外の関係にも必要だと言える。

きみがまわりの人にリスペクトしていくことで、相手もより誠実に、よりオープンになってくれるから、最終的に自分のためなる。それと同時に、まっとうなふるまいをしていれば、世の中がもう少し過ごしやすい場所になるはずだ。

自分のことを尊重してほしいと思うなら、きみがしてほしいことを相手にしてあげればいい。ただ、その相手が女の子となると、ちょっと違ってくる。

それはなぜか。社会における女性はいろんな面において力が弱く、リスペクトなしに扱われることがよくあるからだ。ここからは女の子たちが日

常生活の中でどれだけリスペクトされずに扱われているかの典型的な例と、男の子がそんな状況を改善させるために必要なコツを紹介していくよ。

　重要なのは、男性の立場から一旦距離を置き、女性に対するリスペクトの欠如に向き合うことだ。女性をさげすむ態度は何千年も前から続いていて、その流れを今こそ断ち切れるのか、そのまま続けてしまうのか、若者であるきみたちの手にかかっている。

高校で女子が1年間に経験したこと[1]

77%　女性をばかにする言葉を聞いたことがある

71%　見た目についてとやかく言われる

52%　性的な目で見られる

37%　アバズレ、または似たような表現で呼ばれたことがある

27%　痴漢などからだを触られた経験がある

26%　セックスを強要されたことがある

25%　性的な噂を広められたことがある

0.2%　レイプされたことがある。

男性が協力すればこの数値を0にできる。

男 性 の 集 団 心 理

　ぼくが出会ったほとんどの男性は、1対1で話を聞けば、分別のあるヤツばっかりだった。ぼくのまわりはまっとうなヤツばかりなのに、どうし

---

[1]　Eva Witkowska, *Sexual Harassment in Schools: Prevalence, Structure and Perceptions* (Stockholm: Arbetslivsinstitutet, 2005), 26.　エヴァ・ヴィコフスカ「学校におけるセクシュアルハラスメント：被害率・構造・認知」(スウェーデン国立労働生活研究所、2005年)

て社会にはリスペクトが欠けているんだろう。

でも、人はまわりの友達によって時どき変化するものだ。自分では気づかないかもしれないけど、まわりから視線を感じるときに男性はリスペクトを忘れてしまうようだ。

ちょっと前に地元の新聞で、路上で仲間とたむろしていたある男性のインタビュー記事を読んだ。その中で、彼は自分の妹の行動をいつもコントロールし、手をあげたこともあると話していた。また、彼に言わせると女の子はたいがいヤリマンだそうだ。

大人の世界なら反感を買い、「ろくでなし」なんて呼ばれるタイプの男性だ。でも、これは本来の彼の姿ではなく見せかけの姿だとぼくは思った。

その後、同じ新聞社の二度めの取材を彼は受けることになる。でもその回のインタビューには仲間はいない。前回の記事に家族があまりにも失望したため、もう一度インタビューをしてほしいと彼から依頼したんだ。新しい記事で、彼は嘘をついていたと白状した。妹をコントロールすることはなく、殴ったこともなかったと。そして、女の子をヤリマンと呼んだことについても謝罪した。

「本当に恥ずかしいことを言った。ごめんなさい。オレは本当はそんな男じゃないんだ」と言った彼に、記者はなぜそんなことを口にしたのか尋ねた。彼は「仲間とつるんでると、そうなっちゃうんだ」と答えた。

こんな言動が新聞に載ってしまうなんて、滅多にない話だ。でも、彼のようなタイプは珍しくないだろう。仮面を外したら、その裏にはいい人が隠れているものだ。

リスペクトのコツ①：自分自身をリスペクトする

男性として生きていると、他者に優しく接するか、仲間から人気を集めるか、選択を迫られる場面がある。誰だって、気の弱い人間に見られたくないから、難しい選択に感じる場合もあるだろう。でも自分をリスペクト

していれば、本当の自分よりも悪いヤツのフリなんてすることはない。本当のところきみは優しい人なのに、仲間といる手前、女の子にひどい言葉をぶつけてしまったら罪悪感を抱くだろう。どんなにきみが優しい人だとしても、それを示さないのなら、女の子は嫌な思いをするだけだ。

　自分自身を誇れるような言動をするんだ。もしまわりの雰囲気に流され失礼な態度をとってしまいそうなら、代わりに自分の考えていることを言えばいい。みんなは口にしないかもしれないけれど、ノーと言えるきみのことを勇気あるヤツって思うだろう。自分の意見を何度か伝えられるようになったら、仲間も慣れていくはずさ。

4
リスペクト

　　人はある集団に属すると、行動に影響を受けることが科学的に証明されている。心理学の研究者であるソロモン・アッシュが、若い男性を対象とした実験を行なった。ある被験者に、若い男性ら──実はアッシュの助手──とともに教室に入ってもらい、彼らにいくつかの質問をして答えてもらった。

　　被験者は、他の人たちが質問に正しく答えると、同様に間違えずに回答した。しかし、助手らがわざと間違えはじめると、正しく答えるのは簡単であったにもかかわらず、被験者は他の人たちと同じように答える傾向が見られた。

　　そのように間違った回答をした被験者は約75％。このことから、多くの人は、間違いだとわかっていることを伝えるよりも、集団の圧力に逆らうほうが難しく感じていると言える。

女の子はいつも痴漢におびえている

　女性の友達ができはじめたころ、女の子は常にレイプの恐怖にさらされていて、日々の暮らし方にずいぶん注意しなければならないことにぼくは気づかされた。たとえば、ぼくの女性の友達は、パーティーに参加しても完全にリラックスできず、家に帰る方法や一緒に帰る人をしょっちゅう準備している。夜は近づいちゃいけないエリアもあった。公園の中を通れば近道だけど、あえて遠回りすることもある。それでも、馴染みのないエリアを通らなければならないときは、ぼくの携帯によく連絡してきて、自宅に着くまで話していたこともあった。そうすれば、もし誰かに襲われたとしても、すぐにぼくが警察に通報できたからね。

　最初はなぜそんなに怖がるのか理解できなかった。屋外でのレイプはきわめて稀だ。よりリスクの高い強盗や暴行を恐れるというのならわかる。でも、ぼくの女友達はレイプをあまりにも恐れ、日常生活をリラックスして楽しむことを制限されているようだった。

　ぼくがそのことについて尋ねると、女友達のひとりがこんなことを教えてくれた。これはまわりの男の子たちによって、女の子が子どものころから背負わされてきた恐怖なんだと。彼女たちは、男性から受けてきた痴漢行為や、大声でのヤジや冷やかし、通りすがりに投げかけられた見た目についての中傷など、口々にもらした。そして、それを止める人がいなかったことも。こういった経験により、女の子は自分のからだを自分で守る術がないと思い知らされてきたんだ。そしてそれが、夜間の外出におびえるようになった理由だ。多くの男性がただの軽い冗談や楽しみととらえていることが、女の子にとっては恐怖となってしまう。

リスペクトのコツ②：相手の許容範囲を知る

　自分のからだに関することを決められるのは、本人だけだ。望んでいないのに誰かがきみのからだに触れたり、セックスを強要したりすることは許されていない。きみのからだはきみのもの、誰もが他者のからだをリスペクトするべきで、とても大事なことなんだ。それと同じように、きみも他者のからだをリスペクトすることが重要だ。具体的には、相手が望んでもいないのにからだに触れたり、痴漢行為におよんだり、からだの見た目に優劣をつけたり、褒め言葉であっても「いいお尻してるね！」なんて通りすがりに声をかけたりしないこと。

　自分の気に入った女の子に声をかけたいのなら、辱めるよりもっと違った方法をとったほうがいい。

　もしきみの友達が、女の子にベタベタ触ったり、暴言を吐いたりしていたら、彼女を守るために、そいつにこんなふうに声をかけたらどうだろう。「なんでそんなことしたの？」「それをされてこの子、どういう気持ちだと思う？」「自分の妹が同じことされたら、お前どう思う？」。こう問いかけることで、そいつ自身考えざるをえなくなる。うまくいけば、きみの問いかけの意図を理解してくれるかもしれない。

> 　スウェーデンでは、痴漢やのぞき行為、アバズレやオカマといった言葉による中傷、性に関わる噂を広める行為などは、性的ハラスメントとみなされ違法となる[1]。こういった嫌がらせは性別にかかわらず、どんな人も受ける可能性があり、スウェーデンの学校等はハラスメントが起きた場合に、抑止する責任を負うことになっている。[2]

★1　日本では刑法（強制わいせつ、公然わいせつ、名誉毀損）や軽犯罪法などで罰せられる可能性があるが、セクシュアルマイノリティへの差別を禁止する法律は存在せず、当事者の視点を盛り込む早急な法整備が望まれている（2021年11月現在）。
★2　日本では内閣府男女共同参画局で2020年6月11日に「性犯罪・性暴力対策の強化の方針」が決定し、学校等で相談を受ける体制の強化が明文化されているが、抑止責任はない。https://www.gender.go.jp/policy/no_violence/seibouryoku/pdf/policy_02.pdf

学校内で性被害に遭いやすい場所[2]

1. 廊下　　　　2. ロッカールーム　　　3. 教室
4. 校庭　　　　5. カフェテリア・学食　　6. 体育館
7. トイレの近く

女の子だけ尻軽？

　ぼくがよく会話する多くの女の子は、性的なことになると微妙なバランス感覚が求められるって教えてくれる。もし、キスの経験がなかったり、いつも地味な服を着ていたりすると、モテない女のレッテルを貼られ、男の子から興味をもたれない。つまり、気をひくためには少なくとも、ちょっとだけ華やかで、ちょっとだけモテそうな雰囲気を醸し出す必要がある。やっかいなのは、軽い女とかヤリマンだなんてレッテルを貼られないように、セクシーすぎたり、モテそうな雰囲気を出しすぎたりしてはいけないことだ。

　「学校の休み時間、男の子たちがよく一緒にいる女の子のこと、特に中学2年の子について話題にするんだけど、彼らはその子とどんなことをしたのか自慢げに語るし、その女の子を完全に見下してた。そのうちのひとりは、ある女の子に学校でアナルセックスをさせるよう迫ったんだって。結局彼女はやらせたみたいだけど、それを学校中に言いふらされて、ただ恥をかかせられただけだよ」とリネアは思い出すように語った。

　この話に出てきた男の子たちは、自分たちのセックスを自慢げに話して問題ないと思ってる。でもその一方で、女の子がセックスするのは、恥ず

✱2　Christina Osbeck, Ann-Sofie Holm, and Inga Wernersson, *Kränkningar i skolan : förekomst, former och sammanhang* (Gothenburg: Gothenburg University, 2003), 99.　クリスティーナ・オースベック、アン゠ソフィー・ホルム、インガ・ウェルネション「学校における違反行為：状況・形態・背景」（イェーテボリ大学、2003年）

べきことと考えているんだ。

　女の子は男の子と同じ様な感覚がからだに備わっている。男の子がムラムラしてエッチな気分になるのと同様に、女の子がそうなってもなんらおかしなことでない。まったく同じことをしたのに、男の子にとっては名誉で、女の子にとっては恥、人によって基準を変えて評価するなんてリスペクトのかけらもない、まさに失礼な行為だ。

> 高校1年の女子の半数は、実体験より多くの性経験を望んでいる。[3]

　ぼくはアンナという別の女の子にも話を聞いた。彼女は、中学時代に人気がなく、セックスの経験もなかった。本当のところ、してみたいと思っていて、どんな感じなのか知りたかったんだって。でも、女の子の性的欲求にまつわる暗黙のルールが、それ以上進ませてくれなかった。

　「はじめてのセックスを、彼氏ではない人としたら軽い女と思われちゃうって、クラスの女子全員が言ったんです。それって、セックスしちゃいけないってことですよね、私には彼氏がいなかったわけだから。クラスメートの誰かとセックスするだけで私は満足できたと思うけれど、そんなふうに処女を失うなんて性的にルーズな子がすることで、ありえないことだったから」とアンナは打ち明けた。

　ヤリマンと呼ばれることへの恐怖は、性的な経験を探求したい女の子にとって、足かせになると同時に、男の子が女の子と寝るチャンスを減らすことにもつながるんだ。

リスペクトのコツ③：性にまつわる噂を広めない

　何度も性体験を積んだ女の子の噂を聞いたとしよう。でも、その子を、

[3]　Boris Klanger, Tanja Tydén, and Leena Ruusuvaara, "Sexual Behavior Among Adolescents in Uppsala, Sweden," *Journal of Adolescent Health* 14, no. 6 (September 1993): 468–74.　ボリス・クランゲル、ターニャ・ティデーン、レーナ・ルースバーラ著「スウェーデン ウプサラ市における青年の性にかんする生態」『青年の健康』14巻6号（1993年9月）

軽い女とかヤリマンなんて呼んじゃいけない。たくさんの人と寝たから……それがどうした？　彼女のからだに関わることを決められるのは彼女だけだ。本人の選択を非難する権利は誰にもない。それに、他人が語ることって真実でないかもしれない。

　誰かがヤリマンと言われていたり、オンラインで性的な噂を流されたりしていたら、きみにできることはなんだろう？　その噂を広めない、信じない態度でもって、きみのリスペクトを示すことができる。

　そしてきみが誰かと付き合ってセックスをしたのなら、相手に関わる噂を流さない義務がある。わかりやすく言えば、きみたちがなにをしてなにをしなかったのか、細かく人に話しちゃいけないってことだ。絶対に。それはふたりのあいだで交わされた出来事だ。それが学校で大半の子に知れ渡るなんてあってはならない。素晴らしい経験がすべて台無しなるかもしれないんだから。

　もし男友達に、ビッチやヤリマンなんて女の子に向かって言っているヤツがいたら、こんなふうに聞いてやればいい。「女の子だって男の子と同じように性欲があるのに、なんで女の子はそれを隠さなきゃいけなくて、男の子は堂々としてられるんだ？」とか、「女の子のセックスの回数って、お前にどんな関係あんの？」とか、「もし女の子のセックスがダメなんだったら、男の子はどうやって女の子とセックスするんだよ？」ってね。

名誉という抑圧

　ファルマンは数年前まで、自分の姉や妹の行動を管理して、彼女たちの行動を制限してきた。たとえば、クラブには絶対行っちゃいけないとかね。ファルマンはクラブに行く子はみんなすぐに誰かと寝るような女だと考えていて、自分の姉や妹にそんなイメージがついてしまうのを避けたかった

んだ。そして、彼女たちの性的な行動は、自分の世間体につながるとも思っていた。もし彼女たちが、仲間のパーティーにいって、誰かと付き合いはじめたら、自分のメンツをつぶされると思っていた。

　ある日、ファルマンの両親が、彼の姉の電話に、ある男からテキストメッセージが届いているのを見つけてしまった。両親はその相手が誰なのか白状させるために、彼女に暴力を振るった。娘に彼氏ができることを恐れていたからだ。しかし、彼女はただの友達だと答えた。

　その後、ファルマンはその男が誰かを割り出し、他の友達とつるんでそいつを問い詰めた。彼はファルマンの姉と同じことを繰り返しただけだった。同じ学校に通っている、ただの友達だと。ファルマンはその男に、姉に二度と連絡をとるなと脅して、その場を去った。

　「当時、私は高校生で、女友達が何人もいたし、みんな私にメッセージを送ってくれたけど、それは全然おかしなことじゃなかった。でも、姉が男性からメッセージを受け取ったときは、まったく別の感覚でした」とファルマンは振り返る。

　結局、ファルマンはメンツにこだわっていたため、自分の首をしめることになる。彼女ができたときのことだ。彼女の家族も同じように、誰かとデートすることを禁止していた。はじめはこっそり会っていたけれど、それがバレると彼女の兄弟に脅されることに。

　ファルマンはこう言った。「それで気づかされたんです。なぜ自分でない誰かが、自分の感情や行動を決めつけるんだろう、って」

　その後、ファルマンは家族と話し合い、いろんなことが変わった。今では、姉妹や女の子について、違った考え方をするようになったし、それでよかったと思っている。最近じゃ、自分の姉や妹にいろいろ打ち明けるし、秘密をもつ必要もなくなった。そして、自分や家族としてのメンツを気にする必要もなくなった。姉妹が、どんな生き方をしようとも、それが自分の誇りを傷つけることにはならないと考えるようになったからだ。

　男性も、名誉に基づく抑圧を受けることがある。たとえば、愛した人が男性や「ふさわしくない」女の子だった場合、そして家族の期待とは違った生き方を選んでしまった場合などだ。

　名誉という概念は、どんな社会にも存在していて、必ずしもきみが生まれた国や地域、そして宗教と結びついているわけではない。ぼくが中学生のときも、冗談半分で、自分の姉妹に近づかないよう警告する男たちがいた。これも、そこまで極端ではないが名誉からくる言動のひとつだ。

リスペクトのコツ④：他人をコントロールしてはいけない

　恋愛やセックスに関して、自分で判断しようとしている女の子の邪魔をしないこと。ある女の子が家族から恋愛を禁止されているのを知っていた場合、その子が男性と一緒にいるところを見ても、親に告げ口してはいけない。それは親ではなく彼女自身の生き方に関わる話だし、その子には好きなように生きる権利がある。

　そしてきみにも、他人から指図されたりなにかを強いられたりすることなく生きる権利がある。本人の意思に反していても、息子に姉や妹の監視役をさせる親や家族もいる。もしきみがその立場になったとしたら、まずはその姉や妹と話すのが望ましい。一緒に問題を解決できるかもしれないし、そのあとに家族とも話す機会をもてたら最高だ。どうやったら親戚への面目をつぶさずに、全員が自由に生きていけるか、家族みんなで解決策を見出せるかもしれない。

　また、学校や地元の児童館や青少年センターなどの信頼できて、サポートしてくれる大人に相談するのもいいだろう。

　もしきみが自分の姉妹に対して恋愛やセックスをすべきでないと感じて

いるなら、きみの考え方や態度を変える必要があるかもしれない。そもそも、きみ自身がセックスする女の子をアバズレだなんて否定的にとらえていなければ、妹を悪く言うことできみを侮辱しようとは誰も思わないからね。

男女の幅のきかせ方

ぼくがインタビューした多くの女の子が、男性の特徴として、女性よりも幅をきかせることを挙げていた。ヨセフィンは、自分が所属するサークルでの典型例を話してくれた。

「ミーティングをすると男は本当に話が長い。みんな自分が前に出たいからね。議題について話し終わったとしても、男はもっと語りたがる。違う言い方をしてるだけで、結局おんなじことを繰り返すだけ。なにか新しい意見を言うよりも、とりあえずなにか言うほうが大事って思ってるみたい」。これがヨセフィンの見解だ。

そのサークルには女の子もいるが、彼女によればあまり発言をしないらしい。

「たまに、誰も提案しなかったことを思いつくときもある。でも、黙ってることが多い。男たちがダラダラしゃべるせいですでにミーティングが長引いてるから、なにか新しいことを言ってさらに延長するようなことはしたくないし。でも、あとで自己嫌悪に陥るときもある。なんで自分の意見を言わなかったんだろうって」

幅をきかせるとき、多くの女の子は、男の子と女の子の感覚に大きな違いがあるように感じている。また、なにか失敗をした際に、男の子であれば許されることが、女の子には許されない場合があるとも感じている。男は常に上に立つ必要があるからだと。アイーダはこんな例を教えてくれた。

「男女混合でサッカーをしてるとき、誰かが女の子にパスをして、もしその子がボールを取り損ねたら、男の子たちが『なんで女なんかにパスしてんだ！』とヤジを飛ばすのをよく聞く。男の子だったら言われないのに。男の子はミスや失敗できるチャンスが増えて、うまくなるまで練習できちゃうってわけ」

リスペクトのコツ⑤：耳を傾け、機会をゆずり合う

　人が話をしているとき、相手の言うことをしっかり聞くべきだ。しかし、相手の言葉を聞き流していては、聞いているとは言えない。たとえば、相手が大事な話をしているときに、うわの空で話を聞くのではなく、向かい合って対話するということだ。もし付け加えたいことや反論したいことがあるのなら、相手が話し終えてからにしよう。遮らないこと。

　　教室における〔生徒が発言できる〕時間の男女比は、男子が約3分の2、女子が約3分の1となっている。[*4]

　言いたいことがたくさんあるのに、それを口に出せない人もいる。これは、立場をわきまえるよう育てられた女の子によく見られる傾向だ。そんな子を見かけたら、話を振って発言できる機会をつくってあげよう。「きみはどう思う？」といった、オープンクエスチョン型の自由に答えられる簡単な質問でね。

　そして、その子の発言を笑ったりバカにしたりしないこと。たとえ明らかに間違えていたとしてもね。その行為がまた、彼女らを萎縮させ肩身を狭くさせてしまう可能性があるからだ。

　平等な場の雰囲気をつくり、声を聞く。これは状況に合わせさまざまな

[*4]　Moa Elf Karlén and Johanna Palmström, *Ta betalt! : en feministisk överlevnadsguide* (Stockholm: Rabén & Sjögren, 2004), 10–12.　モーア・エルフ・カーレン、ヨアンナ・パルムストローム著『賃金を平等に！：フェミニストのサバイバルガイド』(2004年、未邦訳)

方法で試すことができる。会話なら質問してみればいいし、サッカーなら
ボールをパスすればいい。毎日の生活の中で、あらゆる人が孤立したり排
除されたりしないよう、耳を傾けるには、他にどんな方法があるだろう？

家 事

　20歳前後の女性に会うと、彼氏が家事をしてくれないから不満だとい
う話をよく聞く。これはささいなことのように思うかもしれないけど、彼
女らにとってみたら、とても大きな問題なんだ。

　「こんなことについて、ずっと口を酸っぱくしなきゃならないなら、関
係を続けることは難しいかもしれない。彼がすぐにでも考えを改めず分担
してくれないなら、別れを切り出す大きな理由になりえると思ってる」

　男性が特定の家事をしないのは、早い段階で始まっているんだ。親が娘
と息子に期待することって、結構違っている。娘は家事を手伝うように言
われるけど、それが息子だったら免除されることが多いからね。

　これって、10代のときにはなかなか気づけないかもしれない。でも恋
愛対象が女の子で、将来一緒に暮らしたいと思っているのなら、皿洗いを
はじめ、家事を学ばないと、面倒なことになるってのは保証するよ。

　『RESPECT』を読んだきみが大人になったとき、女の子とハッピーエンド
を迎えたい男の子にとって、このアドバイスがいちばん重要だったと気づ
くはずだ。

リスペクトのコツ⑥：家事を平等に分担する

　女性は男性のために掃除や料理をするお手伝いさんや奴隷ではない。女
性と男性は平等であることを尊重するなら、家事を平等に分担するべきだ。

大多数の男性は、性別を問わず、責任を平等に負うべきだと考えている。スウェーデンの世論調査において、青年男性の92％は家事、そして子どもがいる場合は育児も含め、責任を平等に分担していきたいと考えている。[5]

　もしきみに姉妹がいて、親が彼女たちにより多くの家事を任せていると気づいたら、自分にも同じ量の仕事を与えてもらうよう頼んでもいい。もし相手にされなかったら、彼女たちを手伝おう。もしくは、親が姉か妹に皿洗いを頼むたびに、「いや、ぼくがやるよ」とサラっと言うのもいい。

　同じことが、別の状況でも役に立つと思う。たとえば、パーティーが終わったときなんか、女の子に片付けを任せて、男の子は全員外へ遊びに行っちゃうなんてことがあるよね。これって最悪。誰に言われるでもなく、進んで手伝うべし。

リスペクトへのコツ まとめ

1. 自分自身をリスペクトする
2. 相手の許容範囲を知る
3. 性に関する噂を広めない
4. 他人をコントロールしてはいけない
5. 耳を傾け、機会をゆずり合う
6. 家事を平等に分担する

[5]　The Swedish Agency for Youth and Civil Society, *Unga Med Attityd 2013* (Stockhom: The Swedish Agency for Youth and Civil Society, 2013), 78.　スウェーデン青年・市民社会庁「青年白書2013」

5

セックスの基本

SEX: THE BASICS

セックスのイメージ

テレビをつけて、ドラマや映画のセックスを比較してみてほしい。だいたいその中のセックスって、同じように描かれていることに気づくと思うんだ。男と女。キスをしながら服を脱ぐ。チンコを腔に挿入しピストン運動。10秒後には一緒にクライマックスを迎え、満足したふたりが寄り添っている。

生物学の教科書で説明されるセックスも似たり寄ったりだ。「ペニスが勃起すると、腔に挿入できる」などとよく書かれている。また、快感を得るためにセックスをする人も多いのに、子どもをつくるための行為として説明されている。

この社会において、セックスのあるべきイメージがつくられていて、腔にはチンコ、つまり、男女間での挿入を伴う行為がセックスであると想定されている。そのせいか、セックス＝挿入と描かれがちだけど、実際にはそうじゃない。セックスのスタイルは多様で、挿入はその中のひとつでしかない。チンコを腔に挿入するだけじゃなく、他にもいろんな方法でセックスができるんだ。ちなみに、男性と寝たい男性もいれば、女性と寝たい女性だっているだろうしね。

テレビや教科書で、同じようなセックスのイメージが何度も繰り返されると、それが「正しいやり方」と感じてしまうかもしれない。そして、誰だって間違えたやり方を当然したくはない。そのセックスのイメージは、ぼくらがどんなセックスの方法を選ぶかということに影響を与えてしまう。別の方法でより多くの悦びを得られるかもしれないのに、結局、ほとんどの人が模範的なセックスしかしていない。

本当のところセックスにはもっとバリエーションがあるはずで、その可能性を閉ざすのはもったいない。特に、一生セックスをしていきたいと思っているのなら、毎回同じことを繰り返すだけじゃ、飽きてしまうからね。

メイクアウト

・・・

　さて、どこからが「セックス」で、どこまでがそうじゃないか、線引きはけっこう難しい。服を脱がなくても、ベッドの上以外でも、気持ちよくなってイクことはできる。セックスとみなす境界線をどこに引くか？　それを決めるのはきみ自身だ。

　とは言え、便宜上、この本では性器に直接触れることなく、キスや愛撫などでイチャイチャする行為を「メイクアウト」と表現しておく。ただし、キスから先に進むときには、相手の同意が得られていることを確認すること。

　メイクアウトは時間をかけ、探検するように相手のからだに触れていく行為だ。体温や匂いを感じ、味わいながらね！　同時にきみも、相手にからだを探検してもらう感覚を楽しむんだ。その方法は無限にある。自分がワクワクすることを試せばいい。お互いのからだの声をよく聴いて、相手が望まないようだったら、それ以上は進めないこと。キスしたり抱き合ったりするだけで、じゅうぶんだと感じることもよくあるだろう。

　セックスの初心者は、このメイクアウトの時間を完全に飛ばしてしまうこともある。セックスにはメイクアウトよりも価値があると考えているのかもしれない。ただ、セックスするまでの気力はないけど、キスしたりイチャついたりしたいときもあるだろう。そんなとき、「キスだけじゃ意味ないかな」なんて考える必要はない。そして、もしセックスをしたいなら、このメイクアウトは必ずあったほうがいい。気持ちを高め、刺激的なムードをつくり上げる効果があり、セックスに移ったときにお互いのからだが感じやすくなっているからね。

ブラはずし

　メイクアウトの最中、もし相手がつけているブラジャーを外したいのなら、ホックだけ彼女に外してもらってから、きみがそっと脱がしてあげるのがいちばんスムースだ。だけど、もしきみがそのホックを外したい、でも外し方がわからないときは、相手に背中を向けてもらうよう頼むのがベストだろう。そうすれば、ホックを見ながら落ち着いて外せる。そのあいだ、相手の首にキスをしたり、背中をなでてあげたり、手間取りがちなブラを外すという行為自体もメイクアウトの流れにできるからね。

メイクアウトの方法

＊キスし合う。何度も、何度も。

＊からだを押しつけ合う。これだけで気持ちよくなるし、相手の体温を自分のからだで感じられて、興奮してくるだろう。

＊お互いが望んでいれば、キスから先に進んでもいい。自分の手を相手の服の上で滑らせていく。胸や性器ばかりでなく、腕や背中など、別の場所も試してみよう。

＊相手の顔をなでるのもいい。たとえば、1本、もしくは2〜3本の指で、そーっと軽く、眉や頬、唇などに優しく触れてみたらいい。

＊相手のシャツの中に手をいれ、お腹や腰のあたりをなでる。

＊首や肩あたりにキスしたり、軽く吸いついたりする。あまり強いと、キスマークがついてしまうことがあるけれど、相手が望まない場合もあると覚えておいたほうがいい。キスマークは血管の破裂が原因で、消えるまでに数日かかることもあるから要注意だ。

＊軽いレスリングのようにじゃれ合うのが好きな人もいる。こうした

遊びのような時間は、不安や緊張を和らげる効果がある。

＊耳をなめたり吸ったりする。はじめは軽く、耳たぶをなめることから始めるのもいい。ただ、やりすぎると、かえって興奮が冷めちゃうような不快感を与える可能性もあるから、注意しよう。

＊お互いの性器を服の上からこすり合わせる。この本の後半で紹介するセックスの体位でそれを試すのもいい。裸でも同じことをするのが想像できて、興奮が高まるんだ……。

＊服の上から相手の性器を触る。

＊お尻に手をまわす。たとえば、お尻の割れ目の上から下に向かって手を滑らせていったり、お尻の膨らみのところを愛撫したりするのもいい。

＊相手のシャツを脱がし、背骨をなでる。

＊お互いの服を脱がせるのは、興奮が高まる瞬間だ。一度にすべて脱がせないことで、少しずつ興奮を高めていける。メイクアウトが始まってしばらくたったところで、シャツを脱ぐ。その状態でしばらくメイクアウトを続けよう。そしてズボンを脱ぐ。ゆっくりと、ふたりの肌の距離が近づいていくんだ。

＊乳首とその周辺をなでたり、なめたり吸ったりしてもいい。ただ、やりすぎると女性でも男性でも痛みを感じることもあるから、優しくしておこう。そして、胸は乳首だけを指すわけではないことを、お忘れなく。

＊下着の上から性器に触れてみる。相手が女の子の場合、彼女の下着が濡れていたなら、その場所を指でこすってみるといいかもしれない。相手が男の子なら、下着の上から勃起したチンコをつかむといいだろう。

＊脇の下をなめる。くすぐったい場合もあるけど、気持ちよく感じる

ときもある。

＊お互いに軽く痛みのない程度に噛んだりすることで、いい愛撫になることがある。

＊時間をかけてゆっくりと、相手の太ももの内側に手を伸ばしてなでていく。このあたりにキスをするのもいいだろう。

＊小さな氷を口にくわえて、相手のからだをキスするように愛撫していく。はじめての相手とはハードルが高いかもしれないけれど、この冷たさで逆に燃えるような感覚を得られる人も多い。

＊セクシーなことを口にする。たとえば、このあと、お互いにやりたいこととかね。

＊相手の下着の上に、自分の唇を当て、温かく湿った息を性器に吹きかけてみる。鼻や唇も使って、下着の上から愛撫を続けよう。下着にキスをしたり、軽く吸ったりしてもいい。

初体験

　ぼくが高校生のとき、体育のあとの更衣室で起こった出来事だ。ぼくのクラスメイトのある男子が服を脱ぐと、からだ中にキスマークがついていて、まるでダルメシアンの斑点のようになっていた。クラス全員があっけにとられているあいだに、そいつは誇らしげにシャワーを浴びにいった。

　あいつ、ヤったんだ！　みんなが話題にしはじめた。今回はいつものハッタリじゃない、マジだ。童貞を卒業したとひけらかすヤツは今までにもいたが、たいがいがウソだって、みんなわかってた。でもアイツには証拠がある！

ぼくは急に、服を脱いでシャワーを浴びに行く気が失せてしまった。自分のからだにはキスマークがない。負けたような気がした。そのころのぼくらといえば、互いにそそのかすように、誰が早く初体験をすませるか競うようなところがあった。

17歳までにセックスの経験がある男子は半数であり、それは女子も同様である。*1

「男はセックスできて一人前」。この考え方は男性へのジェンダーロール（性役割）の期待から生じてしまう。そのせいか、セックスをすると勝者のような気分になり、友達のあいだで優位になれたりする。そして、セックスした人数が多いほど、その地位はさらに確立されていく。

男性のジェンダーロールのこういった部分は、多くの人とセックスを楽しみたい人や、非常に社交的な人にとっては問題にはならないだろう。しかし、すべての男性がセックス好きというわけではない。それに、誰もが、さまざまな人とより多くのセックスをしたいというわけでもない。ニルスはそれについて、こんなことを言っていた──あ、ちなみに彼のセックス対象は男だ。

「ワンナイトラブのあと急に、『オレ、なにやってんだろ？』って思うことがあるんだ。そんなに満足できるものでもないのに、って。ワンナイトラブのチャンスがあっても、ただキスをして、ただ一緒に添い寝したい、ってときもある。最高のセックスだなって思うのは、付き合ってる相手とするときだなぁ」

セックスにおいて自分がなにを求めているか、見つけることが大切だ。もし、いろんな人ともっともっとセックスをしたいならすればいい。でも、それは自分が満足できるからするんだ。友達のあいだで威張るためじゃない。

*1　National Center for Health Statistics, "*Key Statistics from the National Survey of Family Growth*," Centers for Disease Control and Prevention, June 23, 2017, www.cdc.gov/nchs /nsfg/ key_statistics/d.htm.　国立衛生統計センター「家族成長にかんする国民調査の主要統計」（アメリカ疾病予防管理センター、2017年6月23日閲覧）

焦る必要はない

　ぼくの初体験のチャンスは、そのころ付き合っていた相手が、親が出かけているからと家に誘ってくれたときだった。こころのどこかで期待してた。そのころぼくは特別人気があるタイプではなかったから、ここでヤっておけばクラスの中でも早く初体験をすませたうちのひとりになれる、そんなエゴに背中を押されるようだった。

　でもそれと同時に、こころの奥底ではビビっていて、不安と緊張を抱えていた。ちっとも楽しくなってこない。セックスには、なんとなくカッコいいイメージをもっていた。でも実際には恐怖でしかなかった。だからぼくは「ノー」と伝えた。でも、それは誇れるものでなかったし、誰かに話したらバカにされるような気がした。あのときの「ノー」は、自分の中に封印することにした。

　スウェーデンでは15歳未満の者との性行為を禁止する法律がある[1]。これは大人による性的虐待から子どもや若者を守るために法制化された。したがって、同じ年ごろどうしであれば15歳未満でのセックス、もしくは、14歳の子とのセックスは罰せられない。

　その2年後、またチャンスがやってきた。それは友達の家でひらかれたホームパーティーでのこと。ぼくはちょっとお酒を口にしていたけど、酔っ払ってはいなかった。そこで知り合った人と、ソファーでいちゃついたりキスしたりすると、寝室へと場所を変えた。セックスはクスクス笑っちゃうものだった。まさかぼくもセックスを笑いながらすると思ってはいなかったけど、実際そうなった。でも、楽しくてワクワクした。満足はできたけど、想像していたほど気持ちいいとは言えなかった。ぼくがいちばん

★1　2021年11月現在、日本での性交同意年齢は13歳となっている[P.228参照]。

楽しめたのは、裸になってベッドに並ぶ関係になれたことだった。

　帰り道、ぼくはふわふわした気分で歩いていた。なんだか秘密の扉を開けて、別の世界に入り込んだような感じだった。でも、それはまだ入り口で、その世界をちらりとのぞいただけ。その先にはまだまだ知らない世界が続いていた。

　そしてぼくは大人になったような気分だった。

　でも、はじめてのセックスは、想像していた通りになるとは限らない。いろんな男性の初体験の話を聞くと、よかったって言うヤツと悪かったってヤツ、両方いるんだ。アハメッドは、こんな経験を話してくれた。

　「ぼくはあのとき若すぎたんだと思う。それまでにまわりのヤツらの話をたくさん聞いてたからさ、そのチャンスが来たとき、なにがなんでもやらなきゃって思ってた。でも、最初のセックスは最悪だった。今でも思い出すと、嫌な気持ちになるぐらいだ。マジでひどかったし、彼女もそう思ってた。一方的に自分のやり方を押し通すだけで、そのときはもう二度とセックスはしないとこころに誓ったくらい。それから数年は、その気持ちがずっとこころに引っかかっていたよ」

こころの準備チェックリスト

＊見栄や威厳のためではなく、自分自身のためにしたいと思っているか。

＊ワクワクしているか。

＊その相手と本当にセックスしたいと思っているか。気分があがりムラムラする相手であるか。

＊今までに、人とイチャイチャしたり、キスしたり、メイクアウトをしたことがあるか。もしそういった経験がゼロだったら、ゆっくり

進むといいかもしれない。今日はメイクアウトまでにして、セックスは明日にしてもいいんじゃないかい？
＊不安と緊張を抱えていないか。

いろんな男性から初体験の苦い思い出話を聞いていると、みんな実際のところ、こころの準備ができていなかったようだ。そう考えると、ぼくはあのはじめてのチャンスで無理矢理「イエス」と言わずに、自分なりに準備ができるまで待っていたのはよかったと感じてる。

ベストなタイミングを決めるのはきみ自身だ。もし、少しでも気がのらないなら、ブレーキを。でも、気持ちがのってるんだったら、いっちゃいな！

初体験は何度でも

セックスをすると、童貞を捨てるとか、処女を失うなんて表現することがある。でもぼくは個人的にこういう言い方をしない。だって、セックスをすることで失うものなんてなにもないから。特に処女の純潔なんてものはね。セックスはなにかを失うものではなく、出会いと経験を積み重ねていくものだ。

処女や童貞を失う経験は一度だけというのも、ぼくがその表現を好きじゃない理由のひとつだ。そういったものはすべて、理想のセックス像と結びつけられている。そして腟にチンコを挿入するセックスのみが「本当の」セックスとされているから、初体験は一度しかできないことになる。でもぼくが考えるに、セックスにはさまざまな形があるし、初体験する状況もさまざまだ。愛を伴ったはじめてのセックス。はじめての屋外。はじめてのオーラルセックス。はじめての挿入。ふたりで迎えるはじめてのオーガ

ズム。はじめてを数え出したらキリがない。

　だからこそ、今まできみが想像していた初体験というものを特別視する必要なんかない。はじめてのときにうまくいかなくても、次のはじめてではうまくいくかもしれないんだから。

> 　ある調査では、はじめてのセックスはよかったと答えたのは、男女ともに50％だった。直近のセックスについて、90％の人がよいと感じているという結果が出た。基本的に、セックスはある程度の経験を積めば、気持ちよくなるものだ。[2]

　ぼくはよくいろんな男の子から、「初体験をするときのアドバイスは？」なんて聞かれる。はじめての場合、なんの経験もなく、目の前のベッドにふたりで入ってもどうすればいいのかわからず、不安になるだろう。性行為に関しては、それぞれやり方が違うもの。でも、以下のアドバイスは、そんな不安を感じているほとんどの人の役に立つと思う。

初体験を楽しむ方法

＊たっぷりと前戯の時間をとること。さっさと服を脱いでガンガン進めたがる人もいるけれど、おすすめしない。セックスのあと、がっかりせずにお互い気持ちいい時間を過ごすためには、セックス前のメイクアウトが鍵となる。セックスまで時間をかけてメイクアウトして、段階を踏むこと。
＊初体験に大きな期待をしないこと。初体験が人生最高のセックスに

[2]　Elisabet Häggström-Nordin, Ulf Hanson, Tanja Tydén, "Associations between Pornography Consumption and Sexual Practices among Adolescents in Sweden," *International Journal of STD and AIDS* 16, no. 2 (February 2005): 102–7.　エリザベト・ヘグストゥロムト・ノルディン、ウルフ・ハンソン、ターニャ・ティデーン「スウェーデンにおける青年のポルノ消費と性行為の関連性」『性感染症とエイズについての国際ジャーナル』2巻16号（2005年2月）

なることはないからね。そんなに気持ちいいものじゃないかもしれないし、ふたりの関係も一時的なものかもしれない。天地がひっくり返るほどの経験を期待していると、その分がっかりする可能性が高くなる。きみたちはセックスを始めたばかり、もし期待と違っても心配する必要はないさ。

＊はじめてのセックスでは、高度な技を試そうとしないこと。その代わりに、相手のからだと自分のからだがどう感じ、なにに反応するのかに意識を向けよう。もしどちらにとっても、それがはじめての経験なら、挿入を伴うセックスを無理矢理しないのがベストだ。ふたりとも、もしくはどちらかが緊張していると、失敗しやすくなる。

＊ふたりとも、必ずイク必要はない。過度な緊張状態になると、オーガズムに達しにくくなるものだ。無理矢理イカせようとしても意味がない。そんなときは、なにをしたら相手が気持ちよくなるかを探る時間にするといい。

勃たないときは…

以前友達と、チンコが勃たなくなったときの話をした。彼によると、男性はみんななにかのタイミングで勃起しない事態に陥ることがあるらしい。

「特に酔っ払ってるときはヤバい。勃たなくなる可能性が高いよ」

それを聞いても、にわかには信じられなかった。ぼくはそれまでに勃たなかったことなんてなかったからね。でも、その数週間後、ぼくはパーティーに行って酔っ払い、そこで知り合った人と家に帰った。そして服を脱いだところで気づいた……勃たないんだ！

でも、大したことにはならなかった。

「ごめん、ちょっと飲みすぎたみたいだ。寝たほうがいいかも」。そう言って、ぼくらは眠りについた。

> セックスのあいだに、ペニスが勃起状態と通常状態を行き来することに気づく人も多い。ただ、勃起状態が継続していなくてもセックスを楽しむことはできる。男性の4分の1は、勃起せずにオーガズムに達することもできる。[3]

チンコが勃起しない理由はたくさんある。きみがまだ若いのなら、勃たないからといって、すぐ勃起不全（インポ）を疑う必要はない。うまくやりたいと思うあまり、緊張しすぎている可能性が高い。もしくは、まだセックスに慣れていないことで感じる不安が、勃起を妨げるケースもある。セックスの緊張を和らげるためにお酒に頼る人も多いけど、アルコールが勃起に影響することも多い。

そして、勃起しないことがあっても、それほど心配しなくてもいい。タイミングは違えど、誰だって経験するのだから。

じゅうぶんに勃起しないと感じたときは……

＊もっとゆっくりセックスをしてみるといい。時間をかけることで、感情や興奮が高まるかもしれない。

＊自分にプレッシャーをかけないように。勃起にこだわらなくても、そのままセックスが続けられるかもしれない。

---

[3]　参考文献：Shere Hite, *The Hite Report on Male Sexuality* (New York: Knopf, 1981), 1097–99. シェア・ハイト著、中尾千鶴監訳『ハイト・リポート　男性版』（中央公論新社、1982年）

＊自分に正直になることも大切だ。その相手と本当にセックスしたい
　のか？　セックスしなきゃいけないと思い込んでないか？　自問し
　てみよう。

＊普段の生活で気がかりなことはないかい？　たとえば家族とのいざ
　こざとかね。勃起をしやすくするには、そういった悩みを先に解決
　する必要があるかもしれない。

＊お酒やドラッグを摂取しているのなら、やめよう。もし疲れている
　のなら、休養すること。

＊それでも悩みが解決しないのなら、専門医への相談をおすすめする。
　ドクターが、じゅうぶんに勃起しない原因を探すサポートをしてく
　れるだろう。

イエスとノー

　セックスをするとき、相手の意思表示を読み取る責任がある。ぼくが誰
かとメイクアウトしたり、寝たりするときには、常に相手の反応に目を光
らせている。つまり、ぼくの行為を気に入っているか、もしくは嫌がって
いるかを伝えるサインってこと。ぼくがしていることを相手が気に入って
いるようなら、楽しんでいる意思表示だと読み取って、その行為を続ける
ことができる。サインを読み取れれば、新しいことを試せるし、相手の気
持ちを確認できる。このサインは、ふたりのセックスをわかりやすくガイ
ドする方位磁石の役割を果たし、ぼくがこれに従っていれば、相手が喜ん
でいることがわかるというわけだ。

　セックスをするときは、相手からポジティブなサインを受け取ることが

常に重要なんだ。相手がその行為を楽しんでいる、そして、ふたりのしたいことが一致している、このふたつを確認できるからね。サインを読み取ることで、ぼくは相手の許容範囲に対するリスペクトを示し、これによって、パートナーが安心してリラックスした状態で、ぼくと寝ることができるというわけ。お互いの意思表示を読み取ることで、ふたりとも満足できるし、同意のもとにセックスをしていると言える。

「ノー」のサイン

　「イエス」のサインを読み取ると同時に、「ノー」のサインにも注意する必要がある。たとえば相手のズボンを脱がそうとボタンを外している際に、「ノー」のサインを受け取ったら、3つの可能性が考えられる。ひとつめ、ペースが早すぎると感じていて、ズボンを下ろすのはもう少しあとにしたいのかも。ふたつめ、メイクアウトするぐらいならいいけど、今日はズボンを脱ぎたくないのかも。そして3つめ、今日はメイクアウトすらしたくないのかも。3つめの場合は、すぐにやめなきゃいけない。

　「ノー」のサインを感じたら、一旦動きを止め、相手にどうしたいのか直接聞いてみるのがベストだ。さもないと、本当は今すぐやめてほしいと思ってるのに、その「ノー」の意味をはき違えて、メイクアウトを続けてしまう危険がある。

　ある人と寝たときのこと、しばらくはいい感じで進んでいると思っていたのに、相手から「ノー」のサインを受け取った。本当はもっと続けたかったんだけど、ぼくはそこでやめ、ベッドに横になったんだ。すると相手がこう言った。

　「なんでやめたの？」

　「どういうこと？　今日はもうやりたくないのかと思ったんだ、違う？」とぼくが返すと、今度はこう言った。

　「違うよ、ただ別のやり方にしてほしかっただけだよ！」

「イエス」の見きわめ方

相手が…

＊「いいよ」「大丈夫」などと答えてくれる。

＊楽しんでいるように見える。

＊興奮しているように見える。

＊からだを押しつけてくる。

＊きみのからだを愛撫したり、なでたりする。

＊キスしてくれる。

＊自ら服を脱いだり、脱ぐのを手伝ったりしてくれる。

＊積極的に、メイクアウトしてくる。

＊リラックスして、心地よさそうに見える。

＊抱きしめてくれる。

＊クスクス笑ったり、大きく笑ったり、笑顔を見せている。

「ノー」の見きわめ方

相手が…

＊「いやだ」「やめて」などと言う。

＊痛がっているように見える。

＊酔いすぎている、薬物を使用しコントロールできない状態である。

＊まったく口をきかない。

＊腕や手をまったく使わず、きみのからだに触れようとしない。

＊不安、もしくは、怖がっているように見える。

＊キスをしても、相手はしてこない。

＊からだがこわばっている。

＊ただ、横たわっているだけの状態である。

＊「イエス」のサインがまったくない。実はこれがもっともよく見られる「ノー」のサインと言えるかもしれない。

　言葉のないコミュニケーションは、解釈が時に難しいし、ぼくの場合のように誤解を生む可能性もある。　だから直接聞いてみるのがいいってわけ！　「気持ちいい？」「なにしてほしい？」「どんなことしたい？」「もっとじっくりやりたい？」「今日はここでやめとく？」なんてね。

例外は通用しない

　レイプとは、相手が「ノー」のサインを出しているのに、もしくは「イエス」のサインをまったく出していないのに、セックスが続けられること。「ノー」という言葉を実際に発していなくても、また暴力が振るわれていなくても、レイプは成立する。

　メディアはレイプ犯のことを、人気（ひとけ）のない暗い公園の茂みに潜む、凶悪な男のイメージで伝えたりするけど、現実は大きく異なる。主なレイプは屋内で行われ、レイプ犯はボーイフレンドなど、被害者の身近な人だったりする。

　多くのレイプ犯は、自分のしたことがなぜレイプなのか理解していない。彼らは、人気のない暗い公園の茂みに潜んではいないし、普段はふつうの男であり、モンスターでもない。

　ふつうなのに誰かをレイプしてしまう男になりたくなかったら、セックスには例外が通用しないことを知っておくべきだ。「ムラムラしていたから」「酔っ払っていたから」「付き合っているから」「結婚しているから」「露出

度の高い服を着ていたから」「セックスするって約束したから」「お互い同意
のもと始めたのに、相手の気が途中で変わっただけだから」。セックスの
途中で相手が「ノー」のサインを出す、もしくは「イエス」のサインを出さな
くなったら、すぐにセックスをやめるべきだ。そうしなければ、スウェー
デンの法律では例外なくレイプと判断される。

同意法

　スウェーデンには、すべてのセックスは同意に基づいて行なわれる
と規定された法律がある。つまり、両方が自発的に性行為に参加して
いることを示さなければならない。　相手が望んでいるかは自分で確
認しなければならない。それほど難しいことではなく、相手の「イエス」
と「ノー」のサインに従うだけだ！　相手の意思を理解しようと努めな
かった場合は、「過失」と判断され、罪となる。★2

セックスへの圧力

　性的圧力は、実際にはレイプよりひんぱんに起こっているのに、あまり
知られていない言葉。性的圧力とは、自分の欲求を受け入れてもらえるま
で、人にプレッシャーをかけ続けることだ。
　数年前に女の子にセックスを迫り続け、今ではそれを後悔しているマルク
スにインタビューしてみた。
　「誰かにセックスを強いるって、相手の許容範囲をリスペクトしないこ
とだと思う。ぼくが考えるに、性的圧力には2種類ある。ひとつめは、頼
み続けるってことだ。いつも「なぁ、頼むよ、やろうぜ」なんて言ってね。
でもぼくがやったのはそうじゃない。からだを使ってプレッシャーをかけ

★2　スウェーデンでは、被害者が「イエス」と言わない限り、不同意によるレイプとなる。すなわち、暴
　　　行・脅迫等がなくてもレイプが成立する。一方、日本は不同意でも「激しく抵抗した」と認められなければ、
　　　暴行脅迫を立証できず、強制性交等罪が適用されないケースがある[P.226参照]。

たんだ」とマルクスは口にした。

　マルクスは圧力をかけることで、相手の許容範囲を徐々に広げていったんだ。相手の太ももに手を置いた。彼女がその手をどけても、マルクスはまたその手を太ももに置く。彼女が最終的にあきらめるまで、マルクスは何度も太ももに手をかけた。

　そして、マルクスは彼女とセックスをした。

　「彼女がしたがったわけではない。でもノーと言わないし、嫌がっている様子もなかった。ただ、しぶといぼくから解放されたくてやっただけだと思う」とマルクスは説明してくれた。

　誰かにセックスを強いることは、一種の暴行だが、男性だけでなく、女性からも性的圧力をかけてしまうことがある。女の子が男の子にプレッシャーをかけるとき、時どきある言葉を使って脅すことがある。「え？　まさかゲイじゃないでしょ？　だったら一緒に寝ようよ」なんて言ったり、男のくせにセックスを断るなんてゲイに違いない、なんて噂を広めたりして脅す場合もある。

恋人への圧力

　さて、もうひとつの圧力について説明しよう。感情に訴える脅迫だ。これは、主に愛情関係にあるふたりのあいだで起こり、どちらかが感情でもって、パートナーにセックスを迫る強要パターンだ。

　感情に訴えて脅迫する人は、よくこんなことを言う。「もし本当に好きなんだったら……」「前の彼女は（彼氏は）こうしてくれたのに……」。そして、相手がセックスを望まないからと、怒ったり機嫌が悪くなったりするのも、感情に訴える脅迫だ。このタイプのプレッシャーは、相手を気まずくさせ、罪悪感を抱かせることで、セックスに誘導し、ベッドで望まないことを無理強いする。

　自分の愛する人に、感情へ訴える脅迫をしないでほしい。これは完全に

相手へのリスペクトを欠く行為だ。そしてもしきみがその方法で迫られても、付き合っているからといって、一緒に寝る義務があるわけじゃない。愛するということは、すべてを受け入れることではないんだ。

許容範囲は自分で決める

「男はみんなセックスしたいもんだ！」。ぼくが訪れた学校で、ある男子が言った。クラスのみんなもうなずいて笑う。

「じゃ、それはチャンスがあれば、誰とでも寝るってことかい？」とぼくは聞いてみた。

「いや、誰とでもってわけじゃない、たぶん……」と彼は答えた。

男性的ジェンダーロールによれば、男はいつも性欲でギラギラしているらしく、そのせいで、みんな無意識のうちに誰とでもセックスしたいフリをしている。でも、男の子だって女の子と同じように、感情や意見、そして好みだってある。それに、疲れているときや、悲しいとき、怒りの感情が強いときなんかはエロい気分にならないこともある。セックスじゃなくて、会話や、お互いを知っていく過程を楽しんでいるときだってある。

きみがどんな人にも興奮するわけじゃないし、あらゆるセックスに興味をもつわけではない。セックスにまったく興味がないときもあるだろう。

男として生きていると、セックスすることで一目置かれることがあるかもしれない。それゆえ、セックスに誘われたら、すべてに「イエス」と答えるべきだと感じるだろう。だけど、もし気分があがってこないんだったら、そのセックスはやめておいたほうがいい。からだにわいてくる感覚は、性的興奮、高ぶり、不安や恐怖となって表れる。感情と理性が、時に対立することもある。たとえば、「うわっ！　この子めっちゃかわいい！　誘わなきゃ損だよな……」なんて考えながらも、こころの内では「ノー」ってこともある。気分がのらない、そんなときは、自分の本心に従って「ノー」を言うんだ。

　この本では、このあとセックスのさまざまなテクニックを学ぶことになる。うまくいく秘訣はただひとつ、自分の許容範囲を知り、望まないことは無理にしないこと。同時に、パートナーのサインを見きわめ、いつだって真剣に受け止めるんだ。

6

ストレート？　ゲイ？

STRAIGHT OR GAY?

誰が好きなんだろう？

　自分って誰を好きなんだろう、と思うことがあるかもしれない。女の子？　男の子？　それとも両方？　そんなのもうわかってるよ！　って思っているかもしれないけど、セクシーな人に出会ったり、セックスする夢をみたりすると、自分自身が思ってたイメージをひっくり返されることもあるだろう。

　きみが好きなものはきみだけが知っている。きみが好きになるものにとやかく言う権利は誰にもないんだ。こころの底に隠れている気持ちを受け止められるのはきみだけだ。いつも目で追っかけてるのは誰？　一緒に過ごしたいのは誰か、オナニーをするとき、どんなことを想像している？　もし選べるなら、クラスメイトの誰にキスしたい？

　どんな人を好きになるのか、それはきみ次第。まわりの声をすべてシャットアウトしてみると、自分の内なる声がよりはっきり聞こえてくるはずだ。

　同性の男の子を好きになる感情は女の子を好きになる感情となんら変わりはないし、さらにどちらも好きになる感情、もしくはセックスをしたくならない感情、すべて同じように至極まっとうなことだ。

決める必要はない

　自分がどういう人を好きになるか、すんなりわかっている人もいる。こういう人たちは自分が誰を好きなのか一生悩む必要がない。そんなタイプのアンダッシュはこんなことを言っていた。

　「悩んだことなんて正直一度もないなぁ。小さいときから女の子に興味があったし、高校になると、彼女ができてはじめてのセックスをした。それについて葛藤したことは一度もなかったし、もし同性愛者だったとして

も同じだったと思うよ」

　自分の好みがわかっているのなら、その立場を貫き、他人に振り回されないでほしい。自分のことは自分がいちばんよく知っていて、内なる声に従っていけば、気持ちも落ち着くだろう。

　でも、自分の好みがよくわからないと、はじめは悩んでしまうかもしれない。ニクラスは長いこと、ふたつの気持ちのあいだで揺れ動いていた。

　「波のように行ったりきたりする感じだったよ。男が好きだって思うこともあったけど、男も女も両方好きだって思うこともあった。いちばん面倒だったのは、学校のヤツらがみんな幼稚に見えちゃって、好きになる人がなかなか見つからなかったこと。今となっては、自分が惹かれているのは人間性だとわかったんだ。性別じゃなくてね」とニクラスは教えてくれた。

　『ハイト・リポート　男性版』のアンケートによれば〈回答者のうち43パーセントが、〔少年時代に〕他の少年と何らかの形での性行為を持ったと述べている。その多くが友達と一緒にするマスターベーション（ただし、相手には触れない）か、［…］同時に相互のマスターベーションを手伝う形をとる。三分の一は同時にフェラチオをし、能動、受動、あるいは入れ替わっての肛門性交の経験者も数人いる〉そうだ。回答した男性の多くがヘテロセクシュアル（異性愛者）であり、ぼくたちの性的指向と実際の性経験が、必ずしも一致しないことを示している。*1

　自分の恋愛対象がどちらなのか、わからなくても問題はない。自分を型にはめたり、セクシュアリティを決める必要なんてないからだ。ある日、思いがけず恋愛感情やムラムラする気持ちがわきあがってきても、驚く必要はない。

＊1　参考文献：Shere Hite, *The Hite Report on Male Sexuality* (New York: Knopf, 1981), 45.　シェア・ハイト著、中尾千鶴監訳『ハイト・リポート　男性版』（中央公論社、1982年）上巻 82–83

自然ってなに？

　実のところぼくは、どんなことが自然なのか、まったく気にならない。コンピューターやテレビゲーム、メガネなんかは自然にできたものじゃないとわかるけど、気にせず使っている。

　でも、時どき男子から「なにが自然なことなのか？」って聞かれる。ということで、ここからは自然界のセクシュアリティついて話してみよう。

　自然界に目を向けると、人間のセクシュアリティに類似する例がいくつもある。多くの動物は、子どもを産むためだけでなく、快楽のためにセックスする。繁殖期以外でもメスと交尾するオスがいるが、その時期には妊娠しないし、マスターベーションをする動物もたくさんいる。

　また、同じ性別どうしで交尾をする動物もいる。これは、オオカミ、ハリネズミ、アヒル、ライオン、ハイエナ、イルカなどに見られる。同性間における性行動についてはこれまでに1500種において研究されてきたが、まだ新しい研究分野なので、今後その数字は増加していくかもしれない。動物において、たとえば、群れの中のオオカミのオスに、同性間交尾がもっともよく見られる。

ヘテロセクシュアル	女性が好きな男性、もしくは男性が好きな女性
バイセクシュアル	男性も女性も好きな人
ホモセクシュアル	男性が好きな男性、女性が好きな女性
ストレート	ヘテロセクシュアルと同じ意味
ゲイ	男性が好きな男性
レズビアン	女性が好きな女性
A-セクシュアル	セックスをしたくない、または性的に興奮しない人
クィア	規範的ではない性を生きる人、性に関するアイデンティティが流動的な人

> 同性のあいだで交わされる愛とセックスはさまざまな文化において、同性愛と呼ばれずとも古くから存在していた。たとえば聖書の中に出てくる、戦士のダビデとジョナサン王子のラブストーリーとかね。[2]

時おり、同じ性別の仲間と一緒に暮らすことを選ぶ動物もいる。興味深い例のひとつはオーストラリアに生息するコクチョウだ。オスとメスが結ばれても、卵が孵化すると、オスはメスを追払い別のオスを招き入れることがある。2羽の父親と育つコクチョウのヒナは、オスとメスのつがいの親と育つヒナと比べ、生存率が高くなる。つまり、コクチョウの進化において同性カップルとして生きることは、有利に働いているわけだ。

また、自然界にはカクレクマノミなど性別を変える生物もいれば、交尾をほとんどしない、もしくはまったくしない生物も存在する。

言わずもがな、自然界のセクシュアリティと人間のセクシュアリティには大きな違いがある。自然界にはレッテルを貼るなんてことはない。オオカミが別のオオカミに「おまえヘテロかよ、失せろ！」なんて言わないだろう？　それにハリネズミはプライドパレードを歩くこともない。動物たちは自分たちを、ストレートだとかゲイ、バイだなんて認識していないわけだ。

一方で、人間と動物のセクシュアリティにおいて大きな類似点をあげるとしたら、無限の多様性があるということだ。

他者からの期待

小さいとき、ぼくの両親は「学校の女の子でかわいいと思う子がいるか？」とか、「好きな女の子がいるのか？」とよく聞いてきた。地域の児童館なんかでは、男の子が女の子に手をあげてしまうことがある。すると、

[2]　1 Samuel 18–20. 『サムエル記 上』第18～20章

指導員は「その女の子のことが好きでちょっかいを出したんでしょ」なんて
言ったりする。

　でも、ぼくの両親は、「好きな男の子ができたか？」とは聞いてこなかっ
たし、児童館の指導員たちは、男の子どうしでケンカをしていても「ふた
りが好きどうしだから」なんて決して言わない。統計的に言えば、10回に
1回はその可能性があったはずなのにね。

　実際の統計によれば、若者の多くがゲイもしくはバイセクシュアルであ
るのに、みんなヘテロセクシュアル（異性愛者）として扱われてきた。そし
て一生この扱いが続くんだ。

> 男性の88％が異性愛者であると自認している。[3]

　この社会では、みんなが異性愛者であるとは限らず、ゲイかストレート
かを自分で選択するわけではない事実があるにもかかわらず、世の中では
すべての人が異性愛者であることが前提とされている。これは、親戚の誰
かが、男の子に彼氏ではなく彼女ができたかどうか尋ねるなど、あらゆる
状況で見られる。

　こういった期待は、同性愛者やバイセクシュアルである人びとが、自分
自身のアイデンティティを疑い、不安を抱えることにつながるため、抑圧
的と言えるだろう。生きている限り、ぼくらはあるべき姿を求められてい
く。そして自分がその姿と違っていると気づいたとき、自分の人生が失敗
であるかのように感じてしまうかもしれない。相手が同性でも異性でも、
人を愛するって素晴らしいことなのに。

＊3　Sven-Axel Månsson, Ronny Tikkanen, Kristian Daneback, and Lotta Löfgren- Mårtenson, *Karlek och sexualitet pa internet* (Gothenburg and Malmo: Gothenburg University and Malmo University, 2003), 41.　スヴェン・アクセル・モンソン、ロニー・ティッカネン、クリスチャン・ダーネバック、ロッタ・ローフグレン・モーテンソン「インターネットにおける青年と性」（ヨーテボリ大学・マルメ大学、2003年）

見た目で判断しないこと

　サムエルはパーカーを着て、小ざっぱりとした短髪のスポーティーな男だ。学校の休憩室でぼくらふたりは、恋愛とデザイナーブランドの洋服について話をしていたんだ。サムエルにとってルックスは大切で、彼のスタイルを見ればそれは一目瞭然だ。彼のパーカーには、大きくブランドのロゴが入っていた。

　サムエルは過去に数人の女の子と付き合ったことがあるけど、もしかして男も好きかもって気持ちもあるらしい。今のところ、たぶん、っていうぐらい。でもまだ、ゲイについてよく理解していない様子だった。

　「なんでゲイの子たちって、あんなにわかりやすいスタイルにするんだろ。眉毛を細くバッチリ整えたりとかさ。なんでまわりの人たちと同じような見た目にしないんだろ」とサムエルが言う。

　その疑問に対して、ぼくはこう返した。なぜまわりの人たちと同じような見た目になりたいんだろう？　自分のスタイルをもっているほうが楽しいんじゃない？　って。

　さらに気になったのは、誰がゲイで誰がストレートか、サムエルにはわからないということだ。彼はいわゆるオネエっぽい人たちはみんなゲイで、典型的な男らしい人たちはストレートだと思ってる。でも、そんなことはないはずだ。

　彼は、異性愛者の基準に合わせて、判断しているだけだった。ぼくたちは、特に目立った特徴がない人と出会ったら、勝手にストレートだと思い込みがちだ。しかし、統計結果は違っている。ぼくらは日常的に学校やジム、パーティーなんかでもゲイやバイセクシュアルの人たちと会っている。サムエルだって、スポーティーなゲイやバイセクシュアルの人たちと会っているはずなのに、実際に出くわすと勝手に異性愛者だと思い込んでしまうだけなんだ。そんなことをぼくが話すと、サムエルはハッとしてこんなことを言った。

「逆にみんなも、オレのことストレートだと思ってるってことか！」

エクササイズ：多様性に気づく

　街へ出て、できるだけたくさんの人が集まっているところに行ってみよう。できれば、年代・経済力・肌の色がさまざまな人たちが行き交うところがいい。

　通りすぎる人を数えていき、10人にひとりが同性愛者かバイセクシュアルだと仮定しよう。杖をついている老人だろうが、スーツを着た男性だろうが、ヒジャブを被った女性だろうが、10番めの人を同性愛者またはバイセクシュアルだと想像するんだ。

　このエクササイズによって、さまざまなセクシュアリティの人びとが、日常生活できみのまわりに存在している事実に気づくことができる。★1

異質なものを恐れる人たち

　同性間でセックスを行なう人たちがいると想定する社会は、ずっと存在してきた。そのような社会では、男性を好きな男性がいても誰も眉をひそめることはない。けれども、ぼくたちの社会では、異性愛者がふつうだと思われがちで、それゆえ性的少数者はみんなと「違う」というレッテルを貼られてきた。

　残念ながら、変わっているとか違っていることを恐れたり怪しんだりする性質をもつ人がいる。だから、異性愛でない人は、間違っているとか、おかしいとか、気持ち悪いなどと考える人もいるんだ。こういった感情は同性愛嫌悪（ホモフォビア）と呼ばれ、誰しもがこの偏見をもっている可能

★1　電通ダイバーシティ・ラボが2021年4月8日に公開したインターネット調査ではLGBTQ＋層に該当すると回答した人は、8.9％である（2020年12月実施）。https://www.dentsu.co.jp/news/release/2021/0408-010364.html（閲覧日：2021年8月15日）

性がある。その人が同性愛者かストレートかにかかわらずね。

> 私たちが考える正常なセックスというのは、時代とともに変化する。
> 1940年代には、女性の胸を吸うことは異常性欲だと思われていた。
> 赤ん坊でもないのに大人の男がするなんて、と。＊4

　同性愛嫌悪は不愉快なジョークから、中傷、そしていじめによってあらわになる。同性愛者を嫌う人たちは自分のまわりにも常に同性愛者と両性愛者がいることに気づいていない。たとえばその場にいる全員が笑うと思って同性愛者をネタにした冗談を言ったりするけれど、その隣にいる親友やきょうだいが実は同性愛者やバイセクシュアルという可能性もあるし、傷つきながらもなにも言わずにつくり笑いを浮かべているかもしれない。
　そういった同性愛嫌悪がはびこると、同性愛者やバイセクシュアルの人たちは、そのことを隠さなければならなくなる。きみの通う学校で、同性愛者やバイセクシュアルだってオープンにしている人、何人いる？　同性愛嫌悪の存在はオープンにできる人の割合に影響を及ぼすんだ。

同性愛嫌悪は治せる

　同性愛嫌悪をもつ人は深刻なハンディキャップをもっていると言える。決して少なくない割合の人たちが自分のまわりにいるというのに、その恐怖症を抱えて生きるわけにはいかないから。でも、同性愛嫌悪は治すことができる。
　マフムードは 児童館で働いているが、彼は以前まで同性愛者を毛嫌いしていた。
　「確かにオレはそうだった。あまり深く考えたことすらなかったし、同

＊4　Alfred C. Kinsey et al., *Sexual Behavior in the Human Male* (Bloomington, IN: Indiana University Press, 1975), 371.　アルフレッド・C・キンゼイ他『人間に於ける男性の性行為』（1950年に邦訳されているが、以降新訳は刊行されていない）

性愛者なんて気持ち悪いって思うだけだった。オレはここで生まれたわけじゃないし、オレの国じゃ同性愛の友達をもつことすら受け入れられない文化だったんだ」。マフムードはバーでビールを飲みながら語ってくれた。

> 自分のセクシュアリティに揺れている人は、同性愛嫌悪になりやすい傾向がある。それゆえ、10代の男性が歳を重ねるにつれ、その嫌悪感が薄れていくのは当然のことと言える。同性愛嫌悪は基本的に多くの人が、成長することでなくすことができる。[5]

　マフムードが転機を迎えたのは、友達とイビサ島（スペインの人気リゾート地）を訪れたときだ。みんなずっとその旅行を楽しみにしていて、毎日クラブに通ってパーティーをするつもりだった。あるクラブのバーに行くと、マフムードはそこでゲイの人たちに会った。それまでは一度もゲイの人と話したいなんて思ったことなかったけど、バケーションで気分もアガっていたマフムードは、彼らに声をかけたそうだ。

　「いいヤツらばっかだったよ。一緒にいて楽しかったし、友達にもなった。みんなで毎日騒いで、そこらをブラブラしに出かけたりもしたよ。あいつらぜんぜん変じゃなかったし、マジで楽しいヤツらばっかだった」と、マフムードは言う。

　イビサから戻ったときには、マフムードの同性愛嫌悪は治っていた。

　「今はもう、ゲイの人とふつうに会話ができるようになった。彼が同性愛者だろうと、他の人となにも変わらない。オレ自身も今のほうがいいって感じてるよ」。次のビールを頼みながら、マフムードは言った。

　ぼくが心理学の教授から聞いた話によると、同性愛恐怖症は他のタイプの恐怖症と同じだと言う。よく知らないことは理解できず、頭の中には怖いイメージがつくられる。だから、同性愛者であることをオープンにして

[5] Claes Herlitz, *Allmänheten och hiv/ aids. Kunskaper, attityder och vanor* (Stockholm: Folkhälsoinstitutet, 1997).　クラース・ヘルリッツ著『大衆とHIV／エイズ：理解、態度、習性』（1997年）

いる友達なんかができると、自分が怯えていた人を理解することで、恐怖は取り去られるのだと。

異性愛者のきみへ

　きみはすでに、好きになるのは女の子だけ、という結論に達しているかもしれない。自分の好みを知ってるって、悩む必要がないからいろんなことがうまくいく。だとしても、これだけは知っておいてほしい。同性愛嫌悪は、ゲイやバイセクシュアルの人たちを虐げるだけじゃない。実は、きみのような異性愛者をも抑圧することにつながってるんだ。

　考えてみてほしい。ストレートの人たちはどんな行動をとっているだろう。彼らはまわりからゲイに見られたくない。多くの人が、たとえ悪気がなかったとしても、ゲイの人たちについて不愉快なことを何度か言ったことがあるだろう。でも、それは自分に言ってほしくない言葉なんだ。

　そうなると、ゲイに見られないために異性愛者はどんな行動をとればいいと思う？　みんなと同じようにふるまえばいい。別の言葉で言えば、男性らしい役を演じなければいけないということだ。

　同性愛嫌悪は、異性愛者に自分たちはふつうで、そうでない人より優れていると思い込ませてしまうから、とても危うい感情なんだ。もちろん、正常で人より勝っていると思っていれば、気分は悪くないだろう。でもそれと同時に、自分自身も同性愛嫌悪によって、知らぬ間に築いていた男らしさの檻の中で、もがき続けることになる。なぜって、ゲイを悪いことだと思っているから、そう見られないように、ずっと男らしくふるまい続けるしかないからね。

　ということで、同性愛は悪いことだとまだ思っているのであれば、自分のためにもその考えを早く捨てたほうがいい。それによって、ゲイやバイ

セクシュアルの人たちだけでなく、きみ自身もより自由になれるはずだか
ら。

ゲイ、またはバイセクシュアルのきみへ

　自分がゲイかバイセクシュアルであると気づいたときに抱く感情は、人
によってまちまちだ。どれくらい素敵な男性に出会い、付き合えるかと、
ワクワクする人もいるだろう。もしくは、まわりからいずれ彼女ができて
結婚すると思われているのに、自分には不可能だと気づき、不安を抱えて
しまう人もいるかもしれない。期待に応えられないとわかったとき、排除
されたような気分になったり、今後の人生がどうなるのか不安になったり
するだろう。

　でも、もしきみがそんな不安を抱えているのなら、いいことを教えてあ
げよう。スウェーデンをはじめ、多くの国で同性婚が法律で認められるよ
うになった。日本ではまだ同性婚は認められていないけど、同性でも結婚
できるよう運動を続けている団体もあり、パートナーシップ制度を導入す
る自治体が増え、確実に変化している。その変化は、隠れることなく同性
どうしで暮らしたり、子どもをもうけ、ともに育てていたりする人の増加
にもつながっている。現在の法律によって、この動きを制限されるような
ことはないんだ。

　そして、ゲイやバイセクシュアルとして生きていく利点は、社会からの
期待に応えなくていいってこと。きみが望むのなら、しがらみがないから
社会のあたりまえとは違った人生を送ることはそんなに難しくない。中に
は子どもを望まない人だっているだろう。それよりも旅行をしたり、男性
的な役割を完全に捨てた人生を送ったりしたいかもしれない。誰かが敷い
たレールではなく、自分で決めた道を歩き出せたなら、今よりずっと楽に

なるはずだ。

同性愛嫌悪に直面したら

　ゲイやバイセクシュアルにとって困難なことのひとつに、同性愛嫌悪がある。堂々とカミングアウトしていても、いなくても、どこかで同性愛嫌悪に出くわすことがある。同性愛者を毛嫌いするのは、クラスメイト、自分の家族、教師、聖職者、テレビでよく見る政治家かもしれない。あいつらはきみをゾッとさせるような、ひどいことを言う。

　「選べるのであれば、子どもは男性と女性に育てられるほうが好ましいのではないでしょうか」[6]
　スウェーデンのある政党の党首が、テレビでうっかり口を滑らし自分の偏見を暴露してしまった。子を愛する同性カップルの親を見たこともないのにどうしてとやかく言えるのだろう[2]

　そういう辛い状況に直面したときには、話せる人がいたほうがいい。もし、まわりに頼れる人がいなければ、スクールカウンセラーに相談したり、NPO法人や地元の男女共同参画センターなどを訪ねたりしてもいい。ただ、サポートを求めたはずが、同性愛嫌悪の人や、まったく解決してくれない人にあたってしまう可能性もある。もしそうだったとしても、異性愛でない人や若者に対応したサポート場所が必ずあるので、探し続けてほしい。
　同性愛に寛容じゃない環境にいる人にとって、冷ややかな慰めに感じるかもしれないけど、時が経つにつれ、状況は今よりよくなっていくはずだってことを伝えておきたい。きみの家族やその土地が耐えられないのであ

✽6　Anders Pihlblad, "Pihlblad Intervjuar: Kd-ledaren Göran Hägglund" TV4, March 26, 2009, http://politikerbloggen.tv4.se/2009/03/26/pihlblad-intervjuar-kd-ledaren-goran-hagglund. アンダッシュ・ピルブラード「ピルブラードインタヴュー：キリスト教民主党ヨーラン・ハッグルンド党首」（TV4、2009年3月26日）
★2　日本では2021年5月に性的少数者の差別解消を目指す「LGBT理解増進法案」が与野党で合意していたが、自民党の一部の保守派議員が「生物学上、種の保存に背く」「LGBTは道徳的に認められない」といった理由で激しく反発し、国会提出が見送られた。

れば、家をでることだってできる。同性愛を嫌う友達がいたら、その関係を断ち、ありのままのきみと仲良くしてくれる人と付き合っていけばいい。

今は絶望的だと感じているかもしれないけど、うまく立ち回ることができきれば、数年後にはもっと楽になれるはずだ。

異性愛をあたり前まえとする考え方と同性愛嫌悪は、同性愛者やバイセクシュアルの人たちを生きづらくさせる。それによって、同性愛者やバイセクシュアルの若者はストレスや不安を抱きやすくなり、異性愛者の若者と比べ自殺願望に苦しむことが多い。[7]

きみにとっていちばん大切なのは、同性愛嫌悪を自分の中に招き入れないことだろう。きみのまわりに存在するだけでも対処するのが難しいのに、他人が言うことを信じて自分の考えにしてしまうと、事態はもっと深刻になる。ストレートでないのは悪いこと、男らしいジェンダーロールから外れるのはダメなことだと、自分に言い聞かせてしまう同性愛者やバイセクシュアルの人たちもいる。こうなると、自分を好きになれず、幸せを感じにくくなってしまう。

悲しくなるぐらいなら、怒ったほうがいい。異性愛があたりまえであることに腹を立てるんだ。同性愛嫌悪の存在に対して怒るんだ。悲しませるものに怒りの矛先を向けるんだ。そして、他の同性愛者、バイセクシュアル、トランスジェンダー、フェミニストと手を取り合って、よりよい社会を目指して闘おう。今のままでいいはずがない、未来はぼくらの手の中にあるんだから。

[7] National Alliance on Mental Illness, "How Do Mental Health Conditions Affect The LGBTQ Community?" https://www.nami.org/Find-Support/ LGBTQ. 全米精神障害者家族会連合会「精神衛生状態がLGBTQコミュニティに及ぼす影響」(閲覧日：2019年4月19日)

ゲイの出会い方

同性愛者やバイセクシュアルの人は、自分はみんなと違っているように思ったり、大きな秘密を抱えている気がしたりと、孤独を感じやすい。だからこそ、ゲイやバイセクシュアルをオープンにしている人と知り合うことをすすめたい。共通点をもつ人とより多く知り合うことで、自分のことを理解できるようになる。さらに、恋愛やセックスを望むのなら、相手を見つけやすくなるかもしれない。

もしきみの住む町に、若者向けのLGBTQ+が集まる団体やグループがあるなら、そこに連絡をとるといい。たとえば、札幌、東京、埼玉、京都であればにじーず、名古屋であれば名古屋あおぞら部、福岡であればFRENSなどが代表的だけど、全国各地にもどんどん増えてきている[P.232参照]。グループメンバーはとても親切で、みんなで集まり楽しく活動している。また、インターネットで出会う方法もある。ただ、オンラインの場合、プロフィールなどを偽る人がいるかもしれないから、じゅうぶんに気をつけてほしい。

とはいえ、自分の性的指向を重要視しすぎないほうがいいかもしれない。たとえばきみがバイセクシュアルで、別のバイセクシュアルの人と知り合ったとする。相手と自分には共通点がひとつあるが、それ以外はまったく別のパーソナリティという可能性もある。異性愛者が、異性愛者どうしだからといって、すべての人とノリが合うわけじゃないのと同じだ。もしきみが、ゲイやバイセクシュアルの人と会うときに、「自分と同じ考え方の人と出会えるぞ！」という心構えでいると、あとでガッカリするかもしれない。

社会のあらゆる場面と同じように、同性愛者やバイセクシュアルの世界にも仲間に合わせなきゃいけないような圧力が存在する。どんなことにも言えるけど、「本物の」ゲイまたはバイセクシュアルだと証明するために、この手の圧力に従う必要なんてない。キスしたことがなくても大丈夫だ。

ゲイアプリ

　ゲイやバイセクシュアルの男性向けアプリがある。アプリストアで「ゲイ」という単語を検索すれば、たくさん出てくるだろう。友達や恋愛を求めるより、セックスの相手探しがメインの目的で、こういったアプリを使う人も多いため、18歳未満は利用できない規約になっている。もしきみがその年齢に達していなければ、残念だけれど待たなければならない。

　グラインダー（Grindr）★3 と呼ばれるアプリをダウンロードしたとき、ハムザは13歳だった。使っていることがバレたらまずいと、ビクビクしながら何度もアプリを消したけど、同時にドキドキも止まらなかった。

　「自分の近いエリアにいるゲイの男たちを探すのは好きだったよ。街へ出ると、リアルで見かけないか、まわりをずっとチェックしてた。結局見つけられなかったけどね」とハムザは思い返す。

　ハムザは、アプリで彼氏をつくりたいと思っていたけど、実際には、年上の男から裸の写真を送ってほしいというメッセージと、セックスの誘いが届いただけだった。結局何人かの男と会ってセックスをしたハムザは、気持ちいいと思うこともあったけど、毎回ではなかったと教えてくれた。ある時は、相手の男がアナルセックスを無理矢理やろうとしたから、ハムザは服をあわててつかんでそいつの部屋から飛び出したという。

ステップ・バイ・ステップ：カミングアウトの方法

1. 232ページで紹介するLGBTQ＋ユースが集まるグループや男女共同参画センターなどの相談窓口、またはインターネットなど、他のゲイやバイセクシュアルの人たちと知り合うといい。みんなの話を聞くことで、カミングアウトへのハードルが少し下がるだろう。

★3　2009年にスタートした、世界最大規模のゲイ、バイ、トランス、クィア向けソーシャル・ネットワーキング・アプリ。

2. 誰にはじめに伝えるか、よく考えて選ぶ。きちんと秘密が守れる人だろうか、それともすぐ誰かに話してしまう人だろうか。多くの人は親にカミングアウトする前に、友達やきょうだいにカミングアウトしている。

3. できるだけ、静かで邪魔されず、ゆっくり語れる場所を選ぶ。

4. カミングアウトする相手に、信頼しているからあなたを選んだと説明する。

5. うまくいったら、きみをサポートしてくれて、相談できる人が見つかるだろう！　もし受け入れられなかったとしても、これだけは覚えておいてほしい。カミングアウトをしてもしなくても、きみはきみであるということを。間違っているのはその相手であり、きみじゃない。

6. 世の中の多くの人は、カミングアウトしない限り誰でも異性愛者だと思い込んでいるので、一度ですむわけじゃない。初対面の人と出会ったときに、カミングアウトをしなきゃいけないことが多いけど、回数を重ねればもっと楽になっていく。きみがオープンになればなるほど、まわりの人も同性愛者やバイセクシュアル、またはトランスジェンダーなどであることを、オープンにしやすくなるだろう。

　日本においては、18歳未満の人とオンラインで性的なメッセージや写真を交換することは法律や条例で規制されていて、大人はもちろん、場合によっては児童（18歳に満たない者）も罰せられる。また、18歳未満の人の裸の写真を持っているだけでも、児童ポルノを所持、保管の罪となり違法になる[4]。良識ある人であれば、法律を破ることはないだろう。ただきみが18歳未満で、18歳以上の誰かがきみに言い寄ってくるならば、良識ある人の可能性は低いだろう。

★4　「児童買春禁止法、児童ポルノ禁止法」（児童ポルノ所持、提供等）第七条［P.230資料参照］。

ハムザも警告されたことはあるが、それは彼を怒らせるだけだった。

「それじゃ、ぼくみたいなヤツはどこに出会いがあるって言うんだよ！オープンリーゲイなんてひとりも会ったことないし、家族にだって言えなかったんだから！」

彼はティンダー（Tinder）★5 を含むさまざまな出会い系アプリを使ってきたが、もう必要がないようだ。今はボーイフレンドがいて、自分の家族や友達にもカミングアウトをすませている。でも、いまだに他のゲイの友達と知り合うのは難しいと思っている。まだ秘密にしたがる人のほうが多いらしい。

「今までで最高の経験は、多くのフェミニストに混じって、レイシズム（人種差別）に反対するグループに参加したこと。そこでセクシュアリティに関することをわかりやすく学べたんだ。ゲイであるぼくにとって『レイシズムに反対する若者の会』は、グラインダーよりもよっぽど大切な交流場所になったよ」とハムザは言った。

隠すべきか、言うべきか

アダムが中学生のとき、自分のセクシュアリティについてカミングアウトするのはありえないと感じていた。彼はクラスメイトとは何年もの付き合いだったし、その中にはおさななじみも何人かいて、カミングアウトすることで仲間外れにされることを恐れていた。でも、彼が進学した高校には、昔からの友達はまったくいなかった。

「音楽を専門とした特別な学校だったんだ。小さな町だったけど、そのコースをとるためだけに、多くの生徒がわざわざ引っ越すぐらいで、みんな家族から離れて住んでいた。だから、みんななりたい自分になれる感じがしていたし、助け合うようないい雰囲気だったよ」

アダムはそこで、はじめて自分は男が好きだとある人に伝えたけど、そのあとどうなるか不安でもあった。

★5　位置情報を使ったマッチングアプリ。

「SMSを送ったんだ、友達に。『オレ、バイだと思う』ってね。でも全然ドラマチックなことは起きなかったよ。そのあと、また数人の友達にも言って、パーティーのときはじめて男とメイクアウトしたんだ。そのあと学校中の噂になっちゃったけどね。それで去ってった友達もいたよ」

その後、アダムは自分の両親にカミングアウトしたが、それまでに6カ月かかった。

「その日は、地元の祭りに行くところだった。だからすべてを説明した手紙を書いて、両親がすぐ見つけられるようなところに置いて出かけたんだ。手紙にはこれを読んでもすぐに電話をかけてこないでほしい、そして家に帰ったら話し合おうと書いておいた」

アダムは出かけるときに手紙を書いて残していくのはいい作戦だと考えていた。読む側は、手紙の内容について頭の中で整理する時間をもてるし、みんなが性急に結論を出さなくてすむ。

「でも結局、ママが電話をしてきて、愛してると言ってくれた。そして祭りから帰ると、話し合いになり、泣いて、そして議論にもなった」

すべてがうまくいったわけではなく、アダムはカミングアウトの難しさを知った。でも彼はそれをするだけの価値があることも知った。

「カミングアウトで、より自由な生活を送ることができるし、気が楽になる。自分らしくいられる方法なら、なんでもすればいい」

アダムはこう言ってたけど、もちろんカミングアウトしたくないのならする必要はない。誰にも言う必要だってない。でも、うまくいけば、アダムのように嘘をつかず隠しごとをしなくてすむし、それが大きな安心感につながるんだ。

7

女の子とのセックス

SEX WITH GIRLS

女の子とするのはどんなこと？

　誰とセックスしたいかにかかわらず、ここから説明する女の子と一緒に寝ることと、男の子と一緒に寝ることに関するふたつの章を読んでおいたほうがいい。どちらの章にも、誰とセックスしても役立つアドバイスやエクササイズが紹介されている。

　男の子はよく、女の子はどんなことが好きなのか悩んでいる。男の子が疑問に思うということは、女の子に楽しい時間を過ごしてほしいと思っているから。うん、いいことだ。

　そして男の子のあいだには共通の疑問が多いからか、「これが女性の好きなやり方！」なんて特集を組んだ本も多い。でも女の子の好みもいろいろだから、ぼくはこういうやり方で説明したくないんだ。

　たとえば、どんなセックスを楽しんでいるのか、女の子たちにインタビューしたら、ある子はオーラルセックス★¹が好きだと言っていた。でも別の子はそれが嫌いで、なめたくないと言っていた。すべての女の子の好みに合う、決まったやり方のセックスを紹介するなんて絶対に不可能なんだ。相手の意思表示を読み取ってリードしてもらったり、直接聞いたりするのがいちばんいい。そうすれば、相手の子はどんなことが好きなのか、わかるってわけだ。相手の望みをかなえることだけがセックスじゃない——自分も楽しみながら相手のからだを知っていくこともできるんだ。そして、相手のために自分がしたくないことを無理やりする必要はない。

　セックスは、「正しい」方法を考え出すのではなく、自分たちの欲求に従うほうがいい。きみと相手、ふたりはなにがしたいのか？　自分の感情に素直になり、ドキドキしてからだが喜ぶことをすればいい。

　だけど、ぼくからのアドバイスはこれで終わり、ってわけじゃないよ。ここからはセックスのやり方をいくつか説明して、ぼくが女の子にインタビューして知り得たヒントを紹介していこう。

★１　唇や舌を使用する性行為のこと。男性器を愛撫するフェラチオ、女性器を愛撫するクンニリングスなどがある。

NG行為！

＊あせって挿入しない。

＊ひとりよがりになって、勝手になんでも決めない。

＊もし女の子が濡れていない場合は、唾液や他のものを腟に入れず、なにをしたら自然と濡れるか考える。それでも濡れない場合は、挿入をしない。

＊ポルノで観たことを真似ない。

＊激しくやりすぎないこと。少なくとも、始まってからすぐはね。

おすすめ行為！

＊局部だけではなく、からだ全体に触れたり愛撫したりする。

＊彼女が望むことに耳を傾ける。

＊お互いが楽しめるひとときにする。

＊腟の中だけではなく、マンコの外側・周辺にも触れる。

＊セックスが終わったあとも、一緒に余韻を楽しむ。

手を使った愛撫

　セックスにはさまざまな方法があるけれど、おそらくいちばんシンプルなのは手を使った愛撫だ。手はどこへでも移動できるから、それを生かさない手はない。皮膚感覚というのはからだ全身に張りめぐらされているから、胸やマンコだけでなく、それ以外のいろんなところも触るといい。マッサージをしてあげるのもいい愛撫になる。

　もしどちらかが、裸になるのが好きじゃないなら、服をぜんぶ脱がずと

もセックスができるという点で、手に勝るものはない。

　手を使ってマンコを愛撫するときは、さまざまな部分をなでて、相手が
どう反応するか試すといい。マンコのいろんな部位がきみの指先によって
どう感じるのか覚えておいて、反応をよく見ながらなでよう。大きくなっ
てきたところはある？　硬くなってきたところは？

　腟から湿ったものが出てきたら、指を滑らせるローションになる。

　それから、マンコを愛撫したからといって、他の部分を触っちゃいけな
いわけじゃない。マンコとそれ以外のところを、行ったり来たりするとい
い。ただし、肛門と腟を同じ手で触らないように。尿路感染症★2を引き
起こす可能性があるからだ。

エクササイズ：言葉当てゲーム

　相手と交代で、人の名前でも食べ物でも、なんでもいいから適当な
言葉を思い浮かべよう。その言葉をつくる文字で始まるからだの部位
を探して、そこにキスや愛撫をしてほしい。たとえば、相手の名前が
「まお」なら、まゆげ、おなかを順番にキスしたり触ったり。それぞれ
の最初の文字を組み合わせると「まお」になるというわけ。

　もちろん、からだの部位には限りがあるから、どうしても見つから
ない場合もあるだろう。そんなときは、あれこれ工夫して、臨機応変
にごまかしてもいい。

ハンドセックスのいろいろな方法

マスターベーション

　彼女をただ優しくなでる代わりに、陰核亀頭を覆っている陰核包皮をこ

★2　尿路に細菌が入り、増殖して炎症をおこすこと。場所により膀胱炎、または腎盂腎炎に分類される。

すってマスターベーション★3 してあげてもいい。彼女が濡れていなくてもできるけど、潤っていない状態で陰核亀頭に直接触れると、不快にさせる可能性もある。

隠れたクリトリスを優しく押さえつける

陰核亀頭の真上にある恥丘に、手のひらでゆっくり圧力をかけてみる。陰唇も同じように手のひらで押さえつけることで、体内にあるクリトリスの一部を刺激することもできる。どこにプレッシャーをかけると気持ちいいか、相手に聞きながらやるといい。

指を使う（手マン）

腟が濡れていることを確認したら、指を少しずつ慎重に挿入する。手が汚れていると尿路感染症になる可能性もあるため、爪が伸びていないか、尖っていないか、手が清潔であるか、確認してから行なうこと。相手が特に気持ちよく感じる場所があるかもしれない。そこはGスポットと呼ばれているところ。Gスポットは腟の内側へ数センチ入ったお腹側にあり、腟の他の部分よりもざらざらしているように感じる。適度な圧力でここをなでるといい。

技を盗む

相手と信頼関係がすでに築けているのであれば、普段どうやってマスターベーションをするか聞いてもいいかもしれない。彼女が見せてくれるかもしれないし、きみの手をとってどのようにするかガイドしてくれるかもしれない。彼女は好きなやり方を誰よりもよくわかっているはずだから、その技を真似しない手はない。

★3　オックスフォード英英辞書には「自身で自分の性器をこすることで快楽を得る」という意味の他に「人の性器をこすって快楽を与える」という意味も明記されている。

オーラルセックス

口を使ったセックスは、深い関係性と密接さを感じる行為だ。だからこ
そ、最高に気持ちよく感じることもあれば、同時にその密接さが、行きす
ぎのようにも感じ、不快になることもあるだろう。もし、ふたりともオー
ラルセックスを望んでいるけれど、なにをどうすればいいかわからなかっ
たら、焦らずに時間をかけて行なうことをおすすめしたい。まずは、太も
もやお腹からはじめて、お互いのペースに合わせてマンコに近づいていく
といい。

ただ、オーラルセックスを義務だととらえないように。彼女をなめたい
と思うのは、きみ自身が興奮して、その特別な親密さを求めるからだ。自
分が興奮して気分がよくなることについても探求してほしい。

93.9％の女子が、ごく最近されたオーラルセックスはよかったと述
べている。[1]

AVで観かけるような、毎秒100回のありえない高速なめなんて真似を
して、せっかくの機会を無駄にしないように。落ち着いて、たっぷり時間
をかけよう。目で見て、味や匂いも感じて、さまざまな方法でなめてみる
んだ——ときに優しく、ときに強く、舌を広げたり、とがらせたり。いろ
いろ試して相手の反応を確かめる。ポルノだと舌の先で素早くなめられる
シーンが多いけど、ぼくが女の子たちに好みの速さを聞いてみたところ、
その高速なめは人気ナンバーワンではなかったことを伝えておこう。

✻1　Elisabet Häggström-Nordin, Ulf Hanson, Tanja Tydén, "*Associations between Pornography Consumption and Sexual Practices among Adolescents in Sweden*," International Journal of STD and AIDS 16, no. 2 (February 2005): 102–7.　エリザベト・ヘグストゥロムト、ウルフ・ハンソン、ターニャ・ティデーン「スウェーデンにおける青年のポルノ消費と性行為の関連性」『性感染症とエイズについての国際ジャーナル』2巻16号（2005年2月）

ヒント：その他のテクニック

＊マンコに集中しすぎないこと。女の子のあらゆる部分を楽しませよ
　う。
＊なめるだけでなく、軽く吸いつくのもいい。
＊腟の中に、舌を挿入してみよう。
＊手が遊んでないかい？　オーラルセックスをしているときも、手を
　使うことをお忘れなく。
＊陰核包皮を優しくめくり、陰核亀頭をそっとなめてみよう。
＊時には、オーラルセックスを同時にし合うのも、いいかもしれない。

こすり合わせ

　チンコが腟に入らないように、お互いの性器をこすり合わせる方法もあ
る。いろんなポジションがあるけれど、ここではふたつの例を紹介しよう。

彼女が上にくる場合

　きみが脚を揃えて仰向けになり、女の子はきみの上に座ると、腟口はき
みのペニスに当たる。そのままの体勢でこすり合わせるように一緒に動く。
お互いの性器が刺激され興奮が高まるだろう。

きみが上にくる場合

　彼女が軽く脚を開いて仰向けになり、きみは彼女の脚のあいだに膝をつ
いた状態で四つん這いになる。そして少しずつ彼女の上に自分のからだを
重ね合わせていく。このとき、彼女にリードしてもらい、きみのチンコを
つかんでもらうといい。そうすれば、彼女がもっとも気持ちよく感じる位

置にチンコをこすりつけられる。

性交（挿入を伴うセックス）

　すべての女の子が挿入を伴うセックスをできるわけではない。気持ちいいと感じられない子もいれば、痛みを感じる子もいるからだ。痛みを感じる子とは、挿入を伴うセックスをしないこと。無理に行なうと、腟の感覚神経に変化が生じ、ますます痛みが増してしまうリスクがあるからだ。つまり、挿入によって腟に痛みを伴う場合、将来的に性交ができなくなるかもしれない。

> 　過去1年で、18歳から24歳までの女性のうち6％は、性交を試みた際に痛みを伴った経験がある。[2]

　挿入は、女性と行なうセックスの中でもほんの一部のやり方でしかない。もしきみの相手が性交できなかったり、したくなかったりしても、他にいろんな楽しみ方がある。

　だけど、ふたりが望んでいて、楽しいと思うなら、もちろん先に進もう！

体位・ポジション

　性交ではチンコをさまざまな角度と深さで挿入できるから、多くの人が体位を変えていろんな感覚を味わっている。ポジションも感じ方も千差万別、いろいろ試すと、より楽しいセックスになるだろう。

[2]　Bo Lewin, *Sex i Sverige: om sexuallivet i Sverige 1996* (Stockholm: Folkhälsoinstitutet, 1998).　ボー・レヴィン『スウェーデンにおけるセックス：スウェーデンの性生活　1996』（スウェーデン国立公衆衛生研究所、1998年）

ただ、勘違いはしないでほしい。セックスの体位が多いほど、ベッドでの時間も充実するという記事を男性向け雑誌で読んだことがある。テクニックにみがきをかけるには、1回のセックスで体位を10回変えるべきというアドバイスが書いてあった。

記事を書いた人だけでなく、ぼくが実際に出会った男性の多くは、セックスの体位を一種のパフォーマンスだと考えていて、雑誌やネットによくある「おすすめ体位」を、できるだけたくさん試してやろうなんて思ってる。そうなると、セックスのバリエーションを味わう余裕がなく、ベッドルームは観客のいない劇場と化し、その様子はまるで誰も観ていないステージの上で次から次へとドタバタ劇が繰り広げられるようなものだ。

男性のおよそ30％は「やらなければならない」と感じて、挿入を伴うセックスをすることがある。選べるのであれば、挿入はせずに、他のタイプのセックスを選ぶ人だっているだろう。[3]

次はクリスティーナのエピソードを紹介しよう。ぼくと彼女はセックスの体位について話をしてたんだ。

「私はね、そういう人のこと『大道芸人』なんて呼んでる。そういう男はたいがい、相手のことをジャグリングするみたいにもてあそんで、AV男優気取りなのか知らないけど、いろんな角度や体位でやろうとするんだよね」とクリスティーナ。

みんなには、体位の数を競うセックス大会にせず、リラックスしてほしい。体位の変化は気持ちよさにつながるけれど、むやみに試すと妨げになり、セックスが中断する可能性もあるからだ。

それをふまえて、代表的な体位の一部を紹介していこう。

[3] 参考文献：Shere Hite, *The Hite Report on Male Sexuality* (New York: Knopf, 1981), 1102. シェア・ハイト 著、中尾千鶴 監訳『ハイト・リポート 男性版』（中央公論社、1982年）

騎乗位

きみが仰向けになり、女の子がその上に馬乗りになる。これは女の子が
セックスをリードしやすいポジションだ。眺めは最高だし、彼女の胸やお
腹を簡単に愛撫できる。

正常位（通常位）[4]

女の子が仰向けになり脚を開いたら、きみはそのあいだに膝をつき、彼
女の上に覆いかぶさるようにして、チンコを腟へ挿入していく。キスをし
たり、囁き合ったりしやすい体位なので、ロマンチックな雰囲気をつくる
ことができる。女の子はきみの背中とお尻に触れて愛撫することも容易に
できる。女の子の片脚もしくは両脚を持ち上げたり、お尻の下に枕を置い
て腰を高くしたりして、位置を調整することもできる。お互いの位置を入
れ替えて、男の子は仰向けで脚を閉じ、その上に女の子が覆いかぶさるよ
うに挿入して抱きついてもいい。

後背位（バック）

女の子は四つん這いになり、きみは彼女の後ろにひざまづく。この位置
だと彼女の顔が見えないから、楽しんでいるか確認するために、相手のサ
インを読み取ることが特に重要になる。彼女の背中やお尻、胸、お腹なん
かをなでたりできるし、クリトリスをマッサージするのも簡単な体位だ。
きみは体力を消耗せず、早く激しくピストン運動することができる。

側位（スプーニング）

ふたりともからだの側面を下にして、スプーンが重なり合うように、き
みが彼女を後ろから包むようにからだを重ねる。彼女が片方の脚を持ち上
げて、きみの脚の上に置いて股を開くと、後ろからチンコを挿入すること
ができる。このポジションはお互いに顔が見えなくても、ぴったりとくっ
ついているので、密接感を味わえる。後ろから抱きしめるように手をまわ

[4]　日本では一般的に「正常位」と呼ばれるが、必ずしも「正しい」体位というわけではない。また、欧
米ではひろく「宣教師体位」（スウェーデン語Missionären、英語Missionary）と呼ばれているが、語源に
ついては諸説ある。

せば、相手の胸やお腹、クリトリスをラクに愛撫できる。

女性の好きな体位 Top4

1. 後背位
2. 正常位
3. 騎乗位
4. 側位

男性の好きな体位 Top4

1. 後背位
2. 騎乗位
3. 正常位
4. 側位

スウェーデンのニュースサイト「aftonbladet.se」が行なった2万人オンラインアンケート調査結果による。

はじめはゆっくり

　ポルノではたいてい、男性はセックスの冒頭から挿入し、奥まで突きはじめる。しかし、挿入を伴うセックスには、時間をかける必要がある。特に、きみが動かなきゃならない体位の場合はね。きみが彼女の腟にすでに指を入れて慣らしていたとしても、チンコは指よりも大きいだろう。だから、違うサイズに慣れる必要があるんだ。ということで、まずはチンコの先っちょだけ入れてみよう。

ステップ・バイ・ステップ：挿入を伴うセックスのやり方

1. メイクアウトをしたら、前戯として他のタイプのセックスをする。

2. 彼女がもう濡れているなら、ゆっくりと指を腟に入れていく。

3. もし挿入されるのがはじめてだったら、彼女が上になって進めると
   いい。挿入の深さを自分でコントロールできるからね。

4. 彼女に脚を開いてもらおう。閉じていると、どこからチンコを入れ
   ればいいかわからないよ。

5. 挿入するときには、チンコを手で支えながらやるのがベスト。そう
   しないと、「ターゲット」を狙うのが難しくなる。もしくは、ちょう
   どいい角度で挿入できるよう、彼女にチンコを持ってもらうのもい
   い。

6. 最初は、亀頭の部分だけ入れる。大丈夫そうなら、ゆっくりピスト
   ン運動をしながら、少しずつチンコを奥まで挿入していく。挿入は
   男性側がすべて仕切らなきゃいけないわけじゃない。

7. 挿入を伴うセックスをしているからといって、他のことをストップ
   する必要はない。挿入中にクリトリスを刺激してもいいし、彼女が
   自分でやってもいい。

8. 挿入前に、滑って彼女の肛門にチンコが触れてしまったら、コンド
   ームを変えたりチンコを洗ってから再開すること。そうすれば、彼
   女が尿路感染症になる心配はない。

9. イクまで挿入を続けなきゃいけないわけじゃない。しばらく性交し
   てから、違うセックスに変えたくなることもあるだろう。気が向い
   たら、あとでもう一度挿入したっていいんだから。

女の子がもっとチンコを入れてほしいようなら、少しずつ奥へ挿入する。

　時おり、女の子はもう少し激しくしてほしかったり、じゅうぶん興奮していてすぐにチンコを挿入できる状態になっていたりする。とはいえ、まずは彼女の意思を確認すること。痛々しいポルノシーンにならないようにね。

早漏

　自分が望まずに早くイッてしまうのは、多くの男性にとってデリケートな問題だ。一度射精してしまうと、勃起状態は失われやすくなる。チンコの神経は休む時間も必要で、そのままセックスを続けると痛みを伴う場合もある。

　早くイクことは、きみがじゅうぶん楽しめて快感を得られた証だ。たとえば手や口を使うセックスで射精しても、まだセックスを続けたいのなら、イッたという事実はたいしたことじゃない。チンコの刺激にこだわらなくても、セックスは続けられる。

　ぼくがセックス初心者だったころ、すぐにイカずに長くキープするためには、全然セクシーじゃないことを考えたほうがいいと、ある友達がアドバイスをくれた。「その辺の石ころでも考えろ！」なんてね。ぼくは言われる通り試してみた。セックスのあいだ、石ころについて考えてた。すると、頭の中は無味乾燥な石ころでいっぱいになってしまった。そのおかげか、ぼくがイクまでにいつもより時間がかかった点では成功だったと言える。でも正直なところ、セックスのあいだじゅう、石ころについて考えなきゃいけないのは楽しくなかった。セックスでふたりの距離を縮めるどころか、妨げになったくらいだ。

エクササイズ：スタート＆ストップ

　これは、手と口を使うセックスの最中に、ふたりで行なうエクササイズだ。

　もし、きみがイキそうに感じたら、「待って」と彼女に伝えて、手や口の動きをストップしてもらう。イキそうな感じが少し落ち着いて、続けても大丈夫だと思ったら「いいよ」って伝えて、再開してもらう。

　こんなふうに、セックスの途中で休憩を入れてみるんだ。思ったよりすぐにイカずに、長くセックスできることに気づくかもしれないよ！　自分でマスターベーションをするときもこのエクササイズをやってみるといい。

　早漏の問題は、セックスのやり方を変えることで解決できることもある。もしかしたら、挿入のときが特にイキやすいと感じてない？　腟はチンコを包み込むときにものすごい刺激を与えられるから、どうしても男性はイキやすくなる。

　そんなときはメイクアウトや他のタイプのセックス、そしてちょっとしたセックスゲームに時間を費やせばいい。それでセックス全体の時間は長くなる。もしふたりがどうしてもすぐに挿入したいならやればいいし、そのあとで他のタイプのセックスに切り替えるって方法もある。

　その瞬間を大切に、射精に向かって突っ走らず、楽しみながら快感が続くようにしてほしい。時間が経てば、コントロールしやすくなるだろうし、イキたいと思うときに射精ができるようになるはずだ。

彼女がイカないとき

　一般的に男の子は、性交時など、自分のチンコによって女の子がオーガズムに達することができると考えてる。でも、女の子がオーガズムに達するいちばんの近道は、クリトリスへの刺激だ。もし、自分は早くイケるのに、女の子のほうは全然だと思ったら、やり方を見直したほうがいいだろう。腔への挿入に集中しすぎて、クリトリスのことを忘れているのかもしれない。

　多くの男性は、テレビで観るようなセックスシーンをそのまま自分のベッドにもちこみがちだ。映画なんかじゃ、挿入によって女性が簡単に絶頂を迎える様子がよく描かれている。そのせいか、自分のセックスがそのイメージとはかけ離れている気がして、女性をイカせられないと、試験に失敗したような気分になることもある。

　この失敗の感覚から、女性をイカせることに執着してしまう男性もいる。同時に、相手と一緒にオーガズムに達するのが難しいと感じる女性もいる。そんな女性がイカなきゃいけないとプレッシャーを感じていると、事態はさらに悪化する。最悪のケースは、そのプレッシャーから女性がイッたフリをしてしまうこと。フェイクのオーガズムは、率直なコミュニケーションがとれていないことであり、セックスを向上させるきっかけを失い、ひいてはふたりの関係性にも悪影響を引き起こす。

　オーガズムに執着せず、気持ちよさに焦点を合わせることがとても大切だ。まず、彼女と会話しよう。なにをすると彼女は気持ちよく感じるのか？　セックスパートナーであるきみに、なにをしてほしいのか？　彼女がリラックスして、きみと過ごす時間が最高になるよう、プレッシャーのない雰囲気をつくるんだ。

セックスはふたりのもの

エリックははじめてのときのことをよく覚えている。場所は自分の家で、相手はまだセックスをしたことのない女の子。家には誰もいなかったけれど、念のためエリックは部屋の鍵をかけておいた。しばらくして、ふたりは裸になってベッドに横たわった。

「あの子、仰向けに寝たまんま、まったく動かなかった。ぼくは彼女の上に覆い被さってセックスをした。でも、なんだか人形とセックスしてるみたいで、全然よくなかったよ」

エリックによると、ただ横になって、男の子がいろいろしてくれるまでなにもせず待ってるだけの女の子もよくいると言い、こう付け加えた。

「リードもしてくれる女の子とやるのが好きだよ」

きみが女の子と寝て、彼女が完全にじっとして動かない場合、彼女は「イエス」の合図を出してないのだから、直接どうしたいかを尋ねなきゃいけない。もしかしたら、きみが事を急ぎすぎて、女の子はおいてけぼりにされているのかもしれない。そんなときは、ちょっとだけ時間を巻き戻して、ゆっくりやり直したっていい。もしかしたらセックスすら必要ないのかもしれない。その代わりに、メイクアウトをすれば、一緒にリラックスできることに気づけるだろう。セックスはまた別の機会にできるからね。

残念なことに、男性のジェンダーロールのひとつに、男たるものセックス好きな野獣でなければならない、という考えがある。そのせいで、女の子は男の子がセックスでなにをすべきかよくわかっていると思っていて、自分が主導権を握ってしまったら、ヤリマンみたいに思われてしまうことを心配する。できるだけ話し合うことで、お互いに歩み寄り、きみは彼女の希望を知ることができる。結局のところ、セックスはどちらか片方のためではなく、ふたりのためにするものなんだ。

セックスの平等

　すでに説明したけど、ぼくらは女の子に不利な社会に生きていて、男女をそれぞれ集団として見たとき、女性は男性より力が弱い立場にある。だから、きみが女の子と関係をもったとき、お互いに平等な立場になるよう努力をすることがとても大切なんだ。

　どうやったらいいかは、もうこの本で学んできたよね。相手のサインに耳を傾けることであり、ふたりが望まないことをせず、一緒にやりたいことを決め、お互いにリスペクトのコツに従って物事を進める。これは、性の健康に対する責任を共有することにもつながる。たとえばクリニックから無料のコンドームを手に入れたり、STI（性感染症）の検査を受けたりすることだ。

　対等な立場になれば、お互い恥ずかしがらずにリラックスして、自分たちの性を深めていけるはずだ。

エクササイズ：彼女がすべてを決めてみる

　きみに一緒に寝る関係の彼女かセックスパートナーがいるのなら、ちょっとしたゲームをしてみてもいいだろう。彼女がすべてを決めるというプレイだ。彼女がなにか言ったら、きみはそれに従わなければならない。もし、彼女がなにも言わなければ、きみは横になってじっと待ち続けなければならない。

　これは女の子にとって意思決定の練習になると同時に、彼女が本当はどんなことをしたいかを知るチャンスにもなる。このエクササイズが、彼女の好みや希望を教えてくれるはずだ。

　このゲームでは女の子がすべてを決めるけど、ひとつだけ例外があ

る。もしきみがどうしても受け入れられないことを彼女が望んだら、
回避のために「パス！」と言って、別のお願いに変えてもらえばいい。

8

男の子とのセックス

SEX WITH GUYS

探検しよう

テレビや映画の中の登場人物が異性愛者ばかりというのは、いただけない。だけど、あまり気づかれることのない利点もある。男女の場合、メディアから与えられる理想的なセックスのイメージ通りにしがちだけど、男性と寝る男性は、固定イメージに縛られずに自分らしいセックスを想像できるし、自分の好みにも気づける。

映画なんかで描かれる男性どうしのセックスは主にアナルセックスだ。でも、実際のセックスでは、挿入を伴わないことも多い。誰もがアナルセックスを好んでいるわけでなく、好きだとしても、毎回やりたいわけでもないからだ。男性どうしのセックスも、理想通りのイメージなんてないんだから、自分の想像力にしたがって決めればいい。

男性と寝るとき、チンコだけでなく、時間をかけて相手のからだ全体を探検するといい。男性には、脚のあいだにぶら下がってるものだけでなく、もっといろんなものがある。あらゆる場所が敏感に反応する男性のからだのさまざまな部分を、手や舌を使って刺激しよう。

もしかして、自分も同じ男性だからと、相手がどんなことをしてほしいかバッチリわかると思うかもしれない。でも、男性だって千差万別。彼のいろいろな反応をキャッチし、きみもどんなことをしてもらったらうれしいのか相手に伝えよう。

好みは人それぞれ

「チンコを握ってみると、人によって全然感じが違うってわかるよね。曲がり方も違うし、太さもいろいろあるってことに気づいたんだ。自分でオナニーしてるときは、自分のチンコの形について考えたことって本当になかったんだ、これがふつうだろうなって。でも今は自分のチンコがわり

と曲がってるってのを知って、誰かが握ってくれたときどう感じるのかな、なんて考えたりしてる」

手コキが好きだというスミットはそんなことを言っていた。

「これがいちばん楽なやり方だしね。いつも激しくやりたいわけじゃないし、そんなときはサクッと互いに手でヌキあえばいい」

スミットはセックスをするようになったころ、興味深い事実を発見したらしい。それは男性のチンコの感度は人それぞれだから、みんな少しずつ違ったやり方でチンコをシゴくということだ。強めに早くシゴくのが好きな男性もいれば、優しくシゴくのが好きな男性もいる。

「前に手コキしてくれた男は、なんかもう目いっぱい激しくやってくれるもんだから、痛いだけだったよ。で、それを伝えたらさ、相手もオレのやり方が気に食わなかったんだって。ほんとはもっと強く握ってほしかったんだってさ」

ハンドジョブ（手コキ）のコツ！

* ハンドジョブは単なるマスターベーションじゃない。快感を与えるだけでなく自分の指でも相手のチンコを感じるんだ。優しくね！
* 陰嚢の存在を忘れないこと。陰嚢を持って、タマを前後に優しくマッサージしてもいい。
* 親指と人差し指だけでペニスの根元をしっかり握ってみる。
* 陰嚢と肛門のあいだは、会陰（えいん）と呼ばれている。チンコの勃起に関わる組織の陰茎海綿体（いんけいかいめんたい）はここまでつながっているので、押すと快感が得られるかもしれない。
* 手コキのスピードや強さなど、加減の好みを相手に聞いてみる。
* ローションを使う手コキも試すといい。

オーラルセックス

オーラルセックスはフェラチオとも呼ばれるが、もとはラテン語で吸うという意味の fellāre が語源になっている。とはいえ、実際には必死に激しく吸い込む必要はない――ストローじゃないからね。かるく吸い込むか、もしくはまったく吸わなくてもいい。チンコは口に入るだけで、その温もりと湿り気で気持ちよく感じるはずだ。いちばん大切なのは、歯で相手のチンコ、特に亀頭にふれないことだ。

男性の97.7％が、ごく最近うけたオーラルセックスに満足していると述べた。[1]

口の中にチンコを含むと、不快になることもある。大きすぎると感じたり、プリカム（通称ガマン汁）の味が嫌になったりするだろう。そんなときは、亀頭を口に入れる必要はないことを覚えておくといいだろう。自分がなめたいと思うところをなめたり、くわえる代わりにペニスの竿の部分に横から吸いついたりしてもいい。

もし相手が射精をコントロールするのが苦手で、おもわず口の中に射精されたくないのであれば、コンドームを使うといい。

エクササイズ：ディープスロート

チンコを口の奥深くまで入れることができると、敏感な神経終末をできるだけ多く吸い込むことができるから、なかなかいいテクニック

✱1 Elisabet Häggström-Nordin, Ulf Hanson, Tanja Tydén, "Associations between Pornography Consumption and Sexual Practices among Adolescents in Sweden," *International Journal of STD and AIDS* 16, no. 2 (February 2005): 102–107. エリザベト・ヘグストゥロムト、ウルフ・ハンソン、ターニャ・ティデーン「スウェーデンにおける青年のポルノ消費と性行為の関連性」『性感染症とエイズについての国際ジャーナル』2巻16号（2005年2月）

だ。でも、喉の奥を刺激すると「おえっ」となる絞扼反射を引き起こすこともある。セックス中に吐き気をもよおすとまずいから、その練習方法を紹介しよう。

おすすめの方法は、バナナを代用することだ。口の中には敏感な部分がたくさんあるから、まずはバナナの先端だけを使って、自分の唇と舌に好みの感覚を与えてみてほしい。

それが嫌じゃなければ、バナナを口の奥にまで突っ込んでいき、絞扼反射をごまかせるか試してみるんだ。

フェラをするためのコツ！

＊口の中にチンコを入れるときは、歯があたらないように、口をきちんと開くこと。

＊チンコに軽く圧力をかけながら唇を閉じる。

＊やりたくない、もしくは「おえっ」が嫌なら、無理に奥まで入れる必要はない。そんなときは亀頭をなめるだけでもいい。

＊オーラルセックスをしながら、ハンドジョブをしてあげてもいい。

＊相手のチンコをすべて口の中に含めなくても、大丈夫。舌を使えばどの部分もなめることができるんだ。

＊陰嚢も忘れずに。袋の部分を軽くなめたり、タマを口に含んだりしてもいい。

＊タマと肛門のあいだ付近をなめると、敏感に反応する人もいる。

フロット

　ふたりのチンコをこすり合わせることをフロット〔兜合わせ〕と言う。フロットはこすり合わせながらも、空いている手を他のことに使える利点がある。

　チンコにローションや唾液を塗ると、よりなめらかなフロットができる。自分と相手のチンコを2本持って、同時にシゴいてもいい。

タチとウケ

　ゲイの世界の一部では、攻めと受け、またはタチとウケ(ネコ)という言葉が使われるが、これらはそれぞれ同じ意味だ。アナルセックスの際チンコを挿入する側を攻めまたはタチ、アナルセックスの際に挿入される側をウケやネコという。攻めと受けという言葉は、どっちのチンコをどっちに入れるのかを説明するときに使われる。

　だけど、この表現は正確とは言えない。たとえば、タチだってチンコをくわえられているときは受け身だし、ウケだって相手のチンコの上にのって、腰をくねらせながら挿入角度をコントロールして攻めることができるからね[1]。

　こういったどちらかのカテゴリにぴったり合う人がいるのも事実だ。でも、そのときによって好みが変わる人も少なくない。今日はすっごいタチな気分だけど、明日はウケたいかもしれない。だから、その日の直感に耳を傾け、いつもとは違う感覚でも、そのときに気持ちよくなりそうなことを選んでほしい。

イケる相手なのにイケない問題

　「その人、すっごいイケてて、セックスも最高だった。なのにオレ、イ

---

[1]　英語圏だと「攻め」はactiveやtop、「受け」はpassiveやbottomなどと表現される。フレキシブルにタチもウケもできる人は「リバ」と呼ばれ(英語圏だとVersatileなど)、その中でも、どちらかというとタチを好む人は「タチ寄りリバ」、ウケを好む人は「ウケ寄りリバ」というように、好みによってさまざまなカテゴリーがある。

ケなかったんだ……」と、ある友達がつぶやいていた。

イケない問題については多くの人がぼくに話してくれた。彼もそのひとりだ。AVではたいがい、イキまくって飛ばしまくってる男のクローズアップが映し出されるものだ。それはそのセックスがよかったこと、そして男が満足したことを示すある種の証明でもある。現実のベッドの上でも、満足感を見せなきゃいけないような空気もあり、男性はみんなAVと同じような行為をしがちだ。

ただし、そこには大きな違いがある。AVは編集されているってことだ。男優は撮影スタッフが見守る中、イキそうになるまで自分の手でシゴいていただけかもしれない。そのシーンはカットできるから、まるでその男優がイクまでのタイミングを調節できて、視聴者の期待する頃合いにイったように見えるんだ。

もし自分がイケなかったとしても、それはうまくいかなかった表れでも、きみが楽しんでなかったわけでもない。セックスは毎回同じ方法で終わるような、型通りのものであっちゃいけないんだ。セックスでイケることもあるからといって、いつもその通りにする必要はない。

男性が、クライマックスを迎えられず射精にいたらない理由はさまざまだ。ひとつには、それまで楽しんでいたけれど、今日はもういいと思えたとき。たとえば、ちょっと疲れたとか、もう満足したとかね。そんなときは、無理に自分を奮い立たせてセックスを続けるよりも、そこでやめておくのがベストだろう。

他に考えられる理由、それは、セックスには満足したけれど、クライマックスを迎えるためには、自分の手で快感を与える必要があったことだ。そんなときは、例として、パートナーが見ているそばで、手コキするのも悪いことじゃない。

そしてイキにくさを感じてしまうのには、さらに理由がある。射精するために自分自身に過度のプレッシャーをかけていて、イケるタイミングを先延ばしにしているのかもしれない。そんな場合は、イクつもりはないと、

あらかじめ決めてしまうことをおすすめするよ。そうすれば、プレッシャーから解放されて、セックスの悦びに集中できるはずだから。

9

いろんな種類のセックス

MORE SEX

セクスティング

マッテオは週末にハンバーガーショップでバイトしてるけど、時どき、勤務中にスマホのバイブがポケットで震えたりする。それは彼女からのメッセージ、しかも、たいていちょっとセクシーな内容。マッテオは、読む前からちょっとだけドキドキが止まらない。

「会ったら、どんなセックスをしたいか、メッセージし合うんだ。たとえば、彼女はぼくの服を脱がせて胸をなめたいとかね。で、ぼくもそれに対してなにしたいか返信するんだ」

こんなふうに、メッセージをやりとりし合ったときは、仕事の時間もあっというまにすぎていく。そして夜を待たずに、気分はすでにオン、より盛り上がったセックスになるらしい。

性的なメッセージや画像を送り合うことをセクスティング［セックス（sex）＋テキストメッセージ（texting）］と呼ぶ。マッテオと彼女は、会う前に、興奮を高めたくてそれをする。でも、セクスティングをセックスの一種としてとらえている人も多い。そんな人たちは、メッセージをやりとりしながら、マスターベーションをして、直接会うことなくオーガズムに達したりする。セクスティングは、知り合うことすらなかったであろう世界中の人と、セックスできるようになったとも言える。

スウェーデンでは、他の性行為と同じようにセクスティングにも年齢制限がある。15歳以上の人が15歳未満の人に連絡をとって性的な関係を誘ったり裸の写真を求めたりすることは禁止されている［日本は撮影して送信した本人も有罪になる可能性がある］[1]。こうした行為はグルーミング[2]と呼ばれている。法律は若者を性的虐待から守るために必要なんだ。

[1]　日本にはセクスティングに関する法律はないが、「児童ポルノ」に該当する姿態の記録、所持、提供をした者は罰金が科される［230頁参照］。
[2]　本来は動物の毛づくろいという意味の言葉だが、性犯罪の準備段階として相手のこころをつかむ行為をたとえる場合にも使われる。2021年10月にスタートした性犯罪改正に向けた法制審議会では「グルーミング」を罰する罪の新設も議論される予定。

裸のセルフィーを送ること

エリオットが自分のチンコの写真を友達と送り合うようになったのは13歳のころ。学校の部活あとのシャワーで、お互いの裸を見ることには慣れていた。エリオットは、スマホに保存してある友達のチンコの写真と自分のものを細かい部分まで比較してみた。友達はエリオットよりも早く毛が生えはじめていたし、勃起も違って見えた。

「そのときになってはじめて、人のからだって違うんだって気づいたんだ。それまではみんな同じものがついてるって思ってた」

それ以降、エリオットは自分のチンコを撮るのが、癖になっていった。自分の部屋、風呂場、学校、そして友達の家のトイレに入ったときまで。

それから数年後、エリオットは高校に進学。隣のクラスの女の子が気になりはじめると、友達に紹介してもらえないか頼んでみた。すると数日後、その女の子からメッセージが届いた。「はじめまして。友達からエリオットくんの番号を聞きました。私のこと気になってるって言ってくれたんだね、ありがとう。エリオットくんのこと、なんでもいいから知りたいな！」

エリオットはそのメッセージがどういう意味なのか、一生懸命考えたけど、よくわからなかったと言う。数日後に出た答えは、「ぼくのチンコ見たいのかも！」だった。そして、エリオットはズボンを下げ、チンコを自撮りして彼女に送った。

それっきり、彼女からの返信はなかった。彼女はそんな写真をまったく望んでいなかったんだ。いや、いきなりチンコの写真を送ってほしいと思う女の子なんていないから、びっくりすることじゃないだろう。彼女はただ、エリオットがデートに誘ってくれるのを期待していただけ。彼女はこのできごとを、紹介してくれた友達に伝えた。その後、エリオットは卒業まで、死に物狂いで彼女を避けたことは、言うまでもない。

9 いろんな種類のセックス

男子高校生の10人に1人が、自分の裸の写真を他人に見せたことがあると答えた。裸のセルフィーを撮った男子のほとんどが他人に送らないということは、自分自身のからだをチェックするためにセルフィーを撮っているのだ。[1]

性器の撮影について考えてほしいこと

エリオットがふたたびチンコの写真を女の子に送ったのは、相手も自分も18歳になってからだった。今回は、ちゃんと彼女が望んでいる確信をもててからだ。

「ほぼ裸に近い写真を送り合っていたんだけど、彼女から『もっと見たい』ってメッセージが届いたんだ」

ズボンを下ろして、求めてない相手に自分のチンコを見せることは違法だ。街の真ん中だろうが、オンラインだろうが関係ない。望まれていないチンコの写真を送るような男は、人のこころに土足で踏み込む無神経な人間だ。最低な行為といっていいだろう。

きみのチンコは、ときに凶器になりうる。だから人を怖がらせるために使っちゃいけない。なぜって、将来きみが誰か愛する人を見つけ、セックスしたい相手に出会ったとき、その過去がきみの性生活を壊す可能性があるからだ。ぼくは性生活に問題を抱えている数人の男性から話を聞いたことがある。彼らは自分たちの性欲を満たすために、繰り返し女性に対して下品な言葉で語りかけたり、勝手にからだを触ったり、望まれていない裸の自撮り写真を送ったりしていたため、相手を踏みにじることでしか性欲を満たせなくなってしまったんだ。そんな彼らが本当に愛する人を見つけたとしても、セックスに対する考え方を簡単に変えることは難しいだろう。

チンコの写真は、それを望む人のためだけのとっておきにしておこう。

[1]　Linda Jonsson, "Online Sexual Behaviors among Swedish Youth," *European Child & Adolescent Psychiatry* 24, no.10 (October 2015): 1245–60.　リンダ・ジョンソン「スウェーデンにおける若者のインターネット上の性行動」(『ヨーロッパ児童・青年の精神医学』24、10号（2015年10月）

そうすれば、自分のからだで相手が喜び、きみ自身も満足できるはずだ。

> 1,141人の未成年者を対象としたオンライン調査によると、12歳から17歳までの少女の5人に4人が求めていないのに、ペニスの写真を送られたことがあると答えた。スマートフォン上の性犯罪を軽視している人もいるが、それは間違いだ。一方的にチンコの写真を送りつける行為は違法であり、それを受け取った人は警察に報告することができる。[*2]

[性器の写真を撮ったり保存したりすることについては、国によって法規制が違う。スウェーデンでは未成年どうしの合意のうえでのセクスティングは合法だけど、日本の法律だと違法になることもあるのでじゅうぶんに注意してほしい。日本の「児童ポルノ禁止法」では、18歳未満の児童が性的好奇心を満たす目的で、自ら撮影して相手に送信(提供)する行為も、相手から送られたものを所持することも禁止されている。18歳未満どうしが同意のうえで送信し合うことも、「製造」、「提供」、「所持」にあたり、法律違反になりかねない。「子どもを大人から守るための」法律でありながら、児童を罰する可能性があることをここで指摘しておく(P.230児童ポルノ禁止法参照)]

自作ポルノ

一部のカップルは、自分たちの性行為などを写真や動画で撮影して、お互いが会えないときにそれを観て自慰行為を行なうことがある[2021年現

[*2]　参考資料：*Dickpics*, directed by Ellinor Johansson, Josephine Jonäng, and Evelina Vennberg (Trollhättan: Folkuniversitets gymnasium, 2017), film.　エリナ・ヨハンソン、ジョセフィン・ヨナング、イヴリーナ・ヴェンベリィ『Dickpics』(高校生3人が2017年に制作したドキュメンタリー映画)

在、日本では18歳未満の場合は同意のうえでも、性的好奇心を満たす目的での製造、所持は児童ポルノ禁止法で規制されている]。また、セックスの前に撮影したものを一緒に観て、興奮を高め合うのが好きだというカップルもいる。エロ動画を自作する事情はいろいろあるけれど、撮りたくないという人にはもっと多くの理由がある。人の裸はとてもプライベートなものだから撮影するものではないと考える人もいれば、まるで映画のシーンを撮影しているように感じ、気が散ってセックスを楽しめないと感じる人もいる。さらに、撮影したものが誰の手に渡ってしまうかわからないリスクを考えると、安心できない人もいる。

　もし撮影をするなら、カメラの準備をする前に、基本ルールを決めておく必要がある。まず、お互いが18歳に達しているか、本当にふたりともそのセックスを撮影したいのかどうか。それとも、どちらか一方が撮影したいだけなんじゃないか？　どちらかがその写真か動画を誰かに見せたいと言ったら？　どちらかが、そのデータをすべて削除してほしいと言ってきたら？　恋人どうしであろうと、カジュアルなセックスパートナーであろうと、ほとんどの関係はいつの日か終わりを迎えるものだ。だからこそ別の道に進む前に、その撮影したものをどうするのか、事前に決めておくことをおすすめするよ。

　それから、自分がフラれたり相手にされなかったことを恨み、相手の写真や動画をSNSやグループチャットなんかに投稿する行為を「リベンジポルノ（復讐ポルノ）」と呼ぶ人もいる。でも、誰にでも恋人関係をきっぱりと終わらせ、もうこれ以上セックスはしないと決める権利がある。どんな人も、ほかの誰かを所有することなんてできない。だから、別れたいと告げられたからといって、リベンジ（仕返し）を正当化する理由にはならない。

　そして誰かの裸を、その本人の意志に反して撮影をすることは違法と定められている★３。それを望まない人の裸の画像や映像を、見せたり共有したりすることも違法だ★４。また、撮影当時同意していても18歳未満であれば、相手が画像や映像データの削除を拒否している場合は、その相手を

★３　刑法　第百七十六条　強制わいせつ
★４　私事性的画像記録の提供等による被害の防止に関する法律（リベンジポルノ防止法、リベンジポルノ規制法）第三条　私事性的画像記録提供等

児童ポルノの所持違反で警察に通報できる★5。そうなると、所持者はそのデータを削除せざるをえなくなる。

　ちなみに、カメラ以外でポルノを自作する方法もある。セックス中の音声を録音しておいて、あとで聞くとかね（注意：結構恥ずかしいから覚悟すべし！）。それに、自分を主人公にした官能小説を書いて、お互いに読み上げてもいい。もしかしたら、その小説が現実になるかもしれないしね……。

アナルセックス＝チンコ挿入ではない

　アナルセックスについては、いろんな都市伝説や噂がつきまとうセックスのひとつかもしれない。ただ、個人的にアナルセックスをしたいかどうかにかかわらず、その実態を知っておいても損はないだろう。

　「アナルセックス」という言葉を聞くと、多くの人はチンコやディルド（人工ペニス）が肛門に挿入されることを思い浮かべると思う。だけど、アナルセックスはそれだけじゃない。

　アナルセックスは、最近になって生み出されたものじゃないし、古代ギリシャ時代の花瓶には、その行為をしている人たちの様子が描かれている。アナルセックスについてはポルノの影響で広まった部分は大きいけど、かといってそれがAV俳優によって生み出されたわけじゃない。

　そして、アナルセックスって本当に気持ちいいのだろうかと疑問に思う人も多いだろう。でも他の性行為と同じように、誰もが自分の個人的な嗜好をもっている。からだにはアナルセックスで気持ちよくなる機能が備わっているけど、だからといって誰もが楽しめるわけではない。お尻だってからだの他の部分と同じように神経が通っているわけで、そこを愛撫してあげれば快感や興奮を得られるんだ。肛門の括約筋には敏感な神経終末が

★5　児童買春、児童ポルノに係る行為等の規制及び処罰並びに児童の保護等に関する法律（児童買春禁止法、児童ポルノ禁止法）第七条　児童ポルノ所持、提供等

あるため、なにかを挿入すると気持ちいいと感じる。男性が肛門を刺激されると前立腺が圧迫される。女性の場合、スキーン腺（女性の前立腺と言われる）と体内に隠れているクリトリスの刺激につながる。

その人のタイプによってアナルセックスが好きかどうかが決まるわけじゃない。女性とセックスするのが好きな男性でも、指やセックストイを使って女性に愛撫されたり、挿入したりしてもらうこともできる。アナルセックスは、男性が好きな男性だけがやるわけじゃないんだ。それに、男性を好きな男性がすべてアナルに挿入したり、されたりするのが好きってわけでもない。

アナルセックスをすると肛門が「裂ける」と思っている男性も、なぜか多い。でも、アナルセックス自体は危険なことじゃない。肛門に指やチンコ、ディルドをしょっちゅう入れているからといって、ウンチを我慢できなくなるなど、肛門の機能が失われるわけでもない。

手と口を使ったアナルセックス

もしきみがアナルセックスを試してみたいのなら、ちょっとした実験みたいな感じで、気持ちよくて興奮することを少しずつやってみるのがいちばんいい。まずは、挿入されるほうのお尻を愛撫するところから始めよう。お尻の割れ目のあたりを指で前後になでたりしてもいい。ローションや唾液で指を濡らしておくと、さらにいい感じになるかもしれない。

18歳の5人に1人は、アナルセックスを試したことがある。[3]

また別のオプションとして肛門に指を挿入するやり方もある。ただ、そのときは多めのローションを使って、慎重に進めよう。長く尖った爪でや

[3] Carl Göran Svedin et al., *Unga sex och Internet – i en föränderlig värld* (Linköping: Linköping University Electronic Press, 2015), 17. カール・ヨーラン・スヴェディン他『変化する世界における、若者の性とインターネット』(リンショーピング大学電子出版、2015年)

っちゃいけない。そして指を入れられる側は、リラックスして安心した状態でなければならない。緊張からからだがこわばり、肛門が傷つく恐れがあるからだ。

お尻の膨らんだ部分を優しく甘噛みしたり、舌でなめたりして、口で快感を与えてもいい。お尻をつかんで開いてみると、そこには肛門があり、他の場所より皮膚の色が濃くなっているけれど、色素が集中しているからで、汚れているわけではない。

肛門の内側を刺激したいけれど、汚れるのが嫌だなって場合は、コンドームを指に装着してもいい。ただし、通常はそれほど汚れる心配はない。肛門に指を挿入して括約筋を通り抜けると、10cm程度の空間にたどりつく。その奥のもうひとつの括約筋までの部分には、通常もよおしていない限り便は入っていない[6]。

挿入を伴うアナルセックス

挿入を伴うアナルセックスをしたい場合、最初は別の方法のアナルセックスをしておくことが重要だ。そうすることで、肛門まわりの感受性が高まるからだ。また、チンコを挿入する前に指を挿入して括約筋を伸ばしておいたほうがいい。たっぷりのローションを使って指先を肛門に当て、最初は軽くプッシュしてみる。指圧によって、括約筋が開きやすくなるんだ。10秒ほど指圧をしたら、慎重に指を挿入してみる。指全体を一気に入れるのではなく、少しずつゆっくりとね。1本めの指がうまく入っていると感じたら、2本、3本と徐々に指を増やしてもいい。受けている側が気持ちよく感じているなら、チンコかディルドを挿入するセックスを始めていいだろう。

★6　もし、アクシデントを完全に防ぎたければ、専用のポンプやシャワーのノズルを使いアナル洗浄をおすすめする。シャワーノズルの場合は温度と水圧が高いと直腸を傷つける恐れがあるので、細心の注意を払うこと。使用する水は、毎日でなければ水道水でかまわないが、生理食塩水が望ましい（参考資料：https://www.sfaf.org/collections/beta/anal-douching-safety-tips/）。

エクササイズ：アナルセックスの予備知識

　挿入を伴うアナルセックスを考えているなら、挿入したいのか受けたいのかにかかわらず、まずはアナルオナニーを試してみるといい。肛門になにかを挿入することで得られる悦びを実感できるし、括約筋がどのように機能するか、どれほど敏感か、そしてアナルセックスをいかに慎重に進めなければならないか理解できるからね。

　もし、ディルドを持っていなかったら、ニンジンを使ってやるのもいいだろう。ニンジンはお湯で人肌に温めると、気持ちいい温度になるけれど、柔らかくならないよう気をつけて。できるだけ長めのものを使うと、挿入するときにしっかりと握っておける。にんじんが滑って、中にまるごと入ってしまわないように、しっかりとつかんでおくことが大切だ。

　肛門周辺全体を優しくさすったら、ローションを使って肛門をなでていく。コンドームをディルドかニンジンに装着し、その上にたっぷりのローションをつけたら括約筋に数秒間押しつけて、挿入を始める。できるだけリラックスして、どうしたら気持ちよくなるのか探ってごらん。

　はじめての場合、受け入れ側でコントロールするのが理想的だ。チンコやディルドは適度な角度で挿入され、深く入れすぎないよう、ゆっくり進めること。挿入される側が、ディルドか相手のチンコの上に座り、ちょうどよく感じるペースや深さで挿入するのがベストだ。

　挿入すると約10cmほどのところで、それ以上進めないことに気づくだろう。ここには別の括約筋があり、チンコやディルドをさらに深く入れたい場合は、最初の括約筋と同じように扱う必要がある。挿入されている側

は、奥の括約筋にチンコかディルドを10秒ほど押しつけてもらい、そこをリラックスさせる必要がある。

　アナルセックスは気持ちよくて、満足できる経験にしよう。もし痛みを感じるのであれば、すぐに前のステップに戻り、もう一度ゆっくり試すことをおすすめするよ。痛みのある挿入を無理やり行なうと、直腸に小さな傷をつけてしまうこともある。

　挿入されている人が男性の場合、チンコが萎えてくる場合がある。それは肛門の括約筋のほうへ血流が集中するため、勃起状態をキープするのが難しくなるからだ。気持ちよくて興奮していても、アナルセックス中は勃起しないこともあると、理解しておこう。

少しずつ試そう

　ぼくが今までに話を聞いた多くの人は、はじめてのアナルセックスがうまくいかなかったと打ち明けてくれた。ずっと待ち望んでいたアナルセックス初体験の思い出を語ってくれたのはマグヌスだ。

　「セックスはすごいいい感じだったよ、彼がチンコを入れてくるまではね。でも、たぶんまだ準備ができてなかったんだと思う。デカくて硬すぎた！彼が何回か出し入れしたところで『もういいよ』って伝えたよ」

　高校3年生でアナルセックスを体験した半数の女子は、悪い、もしくは非常に悪い経験だった答えた。アナルセックスをうまく行なうには、知識と練習が必要とされる。そして、他のセックスと同様、ふたりとも本当に望んでいることが不可欠だ。[4]

　マグヌスがまたやってみようと思うまでには、時間が必要だった。

[4]　Elisabet Häggström-Nordin, Ulf Hanson, Tanja Tydén, "Associations between Pornography Consumption and Sexual Practices among Adolescents in Sweden," *International Journal of STD and AIDS* 16, no. 2 (February 2005): 102–107.　エリザベト・ヘグストゥロムト、ウルフ・ハンソン、ターニャ・ティデーン「スウェーデンにおける青年のポルノ消費と性行為の関連性」『性感染症とエイズについての国際ジャーナル』2巻16号（2005年2月）

「今じゃすごいマシになったけど、まだパーフェクトじゃない。でも、もっとうまくできるようになればいいなって思ってる。だって、自分の中に入ることで相手が気持ちよくなってくれる、そんなセックスをしたいからね」

もし、自分がアナルセックスでウケたいと思っていたのに、それを楽しめないと、自信をなくしてしまうかもしれない。でも、挿入を伴うアナルセックスは、セックスの中でも複雑で、ある程度の練習が必要だ。

セックスをするときに、あまり挿入にこだわらないほうがいい。まずは他のタイプのセックスをしてから、本当にふたりともアナルセックスをしたい気になったなら、そこではじめて試してみよう。そして、ウケるほうが、主導権をにぎって行なうのがベストだ。痛みを感じたときには、それ以上続ける必要がないことを覚えておこう。気持ちいいと感じるあいだは続けて、もし途中で他のことをしたくなったら、いつでも違うセックスに切り替えたっていいんだ。

セックスについて話そう

セックスにおいては、ふたりのあいだに必ず意思疎通が必要だ。それは、相手が性的同意しているかを確認する方法でもあるけれど、ふたりが満足できる時間を過ごすためのコミュニケーションでもある。「誰もが満足できる」セックスのテクニックを探すのではなく、自分の欲求と相手のサインに従って、ふたりに合った方法を見つけ出すといい。

もしきみが、特定の決まった人と定期的にセックスをしていて、互いに信用できると思うなら、セックスについて話してみるのもいいだろう。セックス後の時間を大切にするためにも、楽しめたことを伝えて、相手になにが気に入ったかを聞いてみるのも、ひとつの手だ。

　あとは、セックスパートナーに他に希望はないか聞くのもいい。たとえば、もう少し優しく愛撫してほしいって言われたら、次のセックスで、「これぐらい？　それとも、もっと優しく？」なんて、相手に確認できる。

　正直に語り合えば、ふたりにとってセックスはもっとよくなるし、より理想的な形に近づくはずだ。

　ただし、セックスについて話すときは、「よくなかった」なんていう表現はやめたほうがいい。お互いを傷つけることが目的じゃないからね。ポジティヴな表現を心がけてほしい。

マンネリから抜け出す方法

　時どき、セックスがワンパターン化してることに気づく人もいるだろう。決まった相手、もしくは何度も寝ている相手とのあいだに、よく起こることだ。いつも一夜きりの関係で、その都度相手が違っていても、結局おんなじセックスばっかりしてることもありうる。

　繰り返しになって飽きてしまったら、少しやり方を変えてみるといい。一度きりの付き合いが多いのなら、もっと違ったやり方を試すかどうかはきみ次第だ。だけど、もし恋人や決まったセックスパートナーがいるのなら、その相手と話し合うのもいいだろう。いつもどんなことをしているのかを思い出して、しばらくはそのパターンから離れてみることをふたりで決めておく。たとえば、いつも挿入しているのであれば、次の３回のセックスではやらないルールにするとかね。そうすることで、自然と違う方法のセックスを考えなきゃいけないことになる。

　もしくは、次に紹介するエクササイズのように、お互いにリストを書き出していくのもいい。もしかしたら、忘れているだけで、ふたりが満足できる方法がもっとあるかもしれない。

　お互いにオープンでいれば、何年でも、愛し愛され、ふたりにとって最高のセックスを続けられるはずだ。

エクササイズ：想像力を膨らませる

　このエクササイズは、長いあいだ性的な関係をもつ相手がいて、あれこれイメージしていたことを実現させたい人向けだ。きみとセックスパートナーが、それぞれの理想をリスト化していく。こんなことを試したい、あんな場所でセックスしたい、といった感じだ。

　次に、そのリストを比べてみる。ふたりのリストに共通のものはあったかな？　相手のリストの中から自分のリストに追加してみたいものは？　ふたりとも特に試してみたいもの、もしくは、想像のままにしておきたいものはある？

　お互いの好みが違っているかもしれないけど、ここで大事なのは、ふたりの考えをオープンにすることだ。実は相手が望んでいないことを、きみはやりたいかもしれない。それは、きみの理想がおかしいとか、やりたいことがダメだってわけじゃない。きみたちは、別の人間なんだし、お互いにやりたいことだけを見つけて、一緒に楽しめばいいんだ。

10

こころとからだ

FEELING GOOD

セックスと感情

　ぼくたちはセックスで満たされることもあれば、不安になることもある。セックスや性のことで、モヤモヤしているのなら、落ち着いてその原因を探ってみてほしい。それから、他の方法でセックスをしてみるとか、自分の性行動を違った観点で考えてみるとか、気分が晴れる方向に進んでみよう。

　セックスで落ち込んでしまう、よくある原因のひとつは、ベッドの中でうまくやらなきゃいけないと、自分にプレッシャーをかけることだ。人は自分がいかにセックスに慣れているか、そして相手を喜ばせられるかってことを誇示したくなるものだ。もちろん相手を大切に思うことは悪いことじゃない。セックスを楽しむためには、相手だけでなく、自分のことも気づかう必要がある。だけど、いざ本番！　となると急に緊張するんじゃないか、他の誰かはもっと上手なんじゃないかと、自分のやり方と比べる必要はまったくないってことを覚えておいてほしい。

　自分のやり方に不安を感じる理由はいくつかある。そのひとつに、こうあるべきという、固定のイメージにしばられてセックスしようとしていることがある。自分のやり方がそのイメージと違っていると、がっかりしてしまう。もしそんな状況に陥ってしまったら、よくあるセックスマニュアルのチェックリストなんて気にせずに、自分のセックスに集中した方がいい。それから、自分のセックスパートナーと話し合おう。相手が望んでもいないことを張り切ってやろうとしているだけかもしれないからね。

　自分のやり方に不安を感じてしまうもうひとつの理由は、自尊心の低下だ。普段からなにをやっても自分にはうまくできないと思っていると、ベッドの上でも自信がもてなくなってしまう。もし、自分のパートナーを信頼しているなら、それについても思い切って話してみるのもいい。相手のほうは、きみが思っているほど気にしていないかもしれないし、それがわ

かる一とで気分がラクになるかもね。ただ、長い目で見ると、自尊心の問題に取り組むために、大人のサポートを受けたほうがいいかもしれない。

恥と罪悪感

　セックスとはこうあるべきという、お決まりのイメージが存在する。それは、世の中のセックスや性行動の多様性に比べると、実は非常に限られたイメージにすぎない。そういったイメージと自分自身とを比較したときに、「ほんとはちょっと違うことがやってみたいけど、こんなことしたら変態だって思われるかな？」なんて思ってしまう人も多いだろう。お決まりのイメージをもってしまうと、ぼくたちはちょっとしたことで自分がズレていると思ってしまう。普段から、セックスについて語りにくい雰囲気もあって、こんなふうに考えてるのは自分だけかも、と思いがちだ。

　自分がしている、もしくはしたいと思うセックスを恥ずかしく感じることがあるかもしれないけど、実はその恥じる気持ちは、自分ではなく、まわりの社会によってもたらされていることを理解するのが重要だ。セックスのあるべきイメージや他人による良し悪しの評価が、子どものころから知らず知らずのうちに刷り込まれてきたんだ。つまり、自分の性行動を恥じてしまうのは、他人がつくった規範のせいなんだ。でも、他人が決めた規範なんて気にせず、自分にとっての良し悪しは自分で決めるべきなんだ。法律で定められた年齢制限を守り、誰も傷つけず、関わる人が幸せである限り、きみのセックスは間違っていない。

　中には、セックスという行為は恥ずかしいことであると感じながら日々を過ごす人もいる。セックスを楽しめても、終わると羞恥心が込み上げてきて、すぐに忘れようとする。セックスをするとき以外は、考えちゃいけないことのようにね。でも、問題から逃げている限り、羞恥心は回し車のように何度もめぐってくるんだ。その羞恥心があるために、気持ちいいセックスができないこともある。だから、セックスのためにお酒で不安を紛

らわしたり、性行為を乱暴なものに変えてしまったりもする。

　もし、そんな感覚があるのなら、恥なんて捨ててしまって、好きなもの
は好きと言える自分を受け入れよう。きみがきみであるために、思い切っ
て向き合ってみよう。そうすれば、差恥心に悩まされることなく、セック
スのあとにも気まずくならずに、ぞんぶんに楽しめるはず。もし、それで
も問題があるように感じるのなら、セラピストに話すことでもっと楽にな
ることもできる。

望まないセックスをやめられないとき

　すでに説明したように、男性だからといっていつもセックスをしたいわ
けではない。そのときの感覚で、したい気分だったり、したくない気分だ
ったりと波がある。ところが、男性って本心ではしたくないと思っている
のにもかかわらず、セックスをしてしまうことがある。

　男性が、本当はそんな気分でもないのに、セックスを追い求めてしまう
理由はいくつかある。本当は好きな人とだけしたいのに、相手が見つから
ないから、そんなに好きじゃない子としてしまうこともあるだろう。友達
に自慢するためかもしれない。もしくは、付き合っている人がいるけど、
セックスをしないと、愛情が冷めてしまわないか不安なのかもしれない。
最初は気持ちよかったセックスに途中で冷めてしまったけれど、中断する
ことへの後ろめたさで続けてしまう人もいるだろう。自尊心が低かったり
気分がへこんでいると、自分に価値があると感じるために、もしくは、実
際には望んでいない行為をすることで自分を罰するために、セックスに溺
れていくケースもある。

　どんな理由であれ、したくないのにセックスをしてしまうのなら、それ
は自分を傷つける行為だ。自分の感情にきちんと耳を傾けるのが大切だ。
これ以上落ち込んだり、みじめになったりしないためにね。

　きみのこころの叫びを理解できるのはきみだけ、こころから求めるセッ

クスを選べるのもきみだけなんだ。この本を読んでいるきみはきっと男性だろう。男性は、いつもセックスをしたい生き物だという性役割を期待されてしまうから、望まないセックスをとめられるのはきみだけなんだ。

　もし、自分でコントロールできず、境界線がわからないときは、医師やセラピストなどの専門家に相談してもいいだろう。

セックスを強いられたとき

　男性は時に、自分の意思に反してセックスを強いられる。これはあまり、知られていないことかもしれない。強要されたセックスが、暴力的とは限らない。セックスを無理強いされた人は、パニックに陥り、からだがかたまって声を出せず、抵抗や拒否できない状態になってしまう。また、酔っているとき、ドラッグの影響があるとき、そして眠っているあいだ、拒否できない状況でも強要される可能性がある。ジェンダー・アイデンティティや性的指向、そして年齢などに関係なく、誰でも加害者になりうる。

　誰かがきみのチンコに触れると、興奮していなくても勃起することがある。つまり、自分の意思に反していても、男性のチンコは勃起が可能なんだ。それに、望んでいないことをされたとき、気持ちよく感じてしまう場合もある。男性は、自分がなにかを強いられていることに気づきにくいことがある。本当はしたくなかったのに、結局は勃起もして、快感を得てしまうからなんだ。

　　性的暴行の対象は女子のほうが多いが、男子にも起こりうる。高校2年生に聞いたところ、8人に1人の男子が望んでいないのにからだに触れられた経験があると答えた。また、14人に1人の男子は、意思に反して、挿入を伴うセックスを強いられた経験がある。[*1]

＊1　Cecilia Åslund et al., *"Shaming Experiences and the Association between Adolescent Depression and Psychosocial Risk Factors,"* European Child & Adolescent Psychiatry 16, no. 5 (August 2007): 298–304.　セシリア・オースルンド、他「恥の経験、そして思春期のうつと心理社会的要因の関連性」『欧州児童青年精神医学』16巻5号（2007年）

　ぼくの知人にラースというヤツがいる。彼はある日、セックスしたいと思う相手を連れて家に帰った。でも、アパートに着くと、雰囲気が暴力的にガラリと変わり、ラースはレイプされてしまった。のちにラースは、男がレイプされるなんて、わかってもらえないだろうと思ったそうだ。

　「男に対するイメージとはかけ離れているんだろう。メディアじゃ、男ってのは危険でレイプをする生き物だって言われている。でも逆に、男がレイプされた話を耳にすることはない。だから、男がレイプされたときにはそれが自分のせいだと思ってしまう。でもレイプされた人には決して落ち度はない」

　ラースは警察に通報しなかった。男性がレイプ被害を報告することはめったにないから、どれぐらいの人が同じような経験をしているか把握しにくい。

　もし、セックスを無理強いされたことがあるのなら、大人になってからであろうと子どものときであろうと、そして恐怖を感じたか感じなかったかにかかわらず、なにが起きたのか、信頼している人に聞いてもらおう。辛い体験はひとりで抱え込まないほうがいいんだ。

本心を打ち明けること

　時には、日頃のモヤモヤを自分の内に溜め込まずに、誰かに話してもいいだろう。友達、家族、よく知っている大人、それに電話相談窓口の専門家なんかに相談できる。学校や病院、そしてセラピストなどを訪ねて、直接話を聞いてもらうのもいい。ただ、誰もが同じように親身な対応をしてくれるわけではない。話してもスッキリしない場合には、きみに合う人に出会うまで探し続けることが重要だ。

　ユースクリニックでセラピストとして働き、若い男性から相談をよく受けるシーモンに話を聞いてみることにしよう。シーモンが言うには、相談にくる若者たちは、こころの痛みや、その原因に気づいていないことが多

いそうだ。

「ここに来る若者は、たいがい、からだの問題を抱えているか、性感染症にかかったんじゃないかと不安になって訪ねてくる。しかし、彼らにいろいろ聞いてみると、家庭や将来など、さまざまなことに不安を抱えていると教えてくれる」

　シーモンによると、そういったネガティブな感情は、少しずつ長い期間をかけて蓄積されていき、自分が悩んでいる状態に気づけないことが多いらしい。だからこそ、誰かに相談するのは、自分に起こっていることを言葉で表現する機会になるから、とてもおすすめなんだ。泣くことだけが、感情を表す行為とは限らない──不特定多数の人とセックスをしたり、酒に溺れたり、当たり散らしたり。これらの行動は、自分の中でくすぶっているなにかが原因だと気づいていない人が多い。それを聞いてぼくはこんな質問をしてみた。

「くすぶった状態は、性生活に影響を与えたりしませんか？」

「そうですね。多くの男性はベッドでの悩みを誰かに打ち明けたいと思っています。ただ、その悩みが実際には他の感情に関係している可能性に気づいていなかったりもするんです。もしなにかが原因で日常生活を楽しめていないなら、確実にその人の性生活にも影響を与えるでしょう。それは時に、悪循環に陥ることもあります。普段の生活で悩みを抱え、さらにセックスも思い通りにできないとなると、落ち込むばかりです。そういうときは、ちょっと立ち止まり、大人に相談して自分の考えや感情を整理するために助言してもらうことが、とても重要です」

セーファーセックス

　セックスは楽しいことだし、気持ちを満たしてくれる。それに、パート

ナーとより親密になれ、関係もより深められる。ぼく自身はセックスでポジティブな関係を築けているし、これからもそうしていきたいと考えている。

でも同時に、セックスは不安の原因になりやすいこともある。たとえば、ある朝目を覚ますと誰かが隣にいて、「やべっ、なにしてんだオレ！」って思ってしまったり、「性感染症かな？」とか「妊娠させちゃったかも？」とか、楽しかった思い出が、一瞬で悪夢に変わることがある。ぼくはそんな状況に陥りたくないから、より安全なセックス（セーファーセックス）を心がけている。

しかし、100パーセント安全なセックスなんてない。セックスをしている最中に、コンドームが破れたり、裸のふたりの上に飛行機が落下する可能性だってゼロとは言えない。それはさておき、より安全なセックスをするために、簡単な方法をいくつか紹介していこう。

決意！

これから行なうセックスを、より安全にすると決めることができるのは、きみしかいない。厚労省のポスターやきみが読んだ本でセーファーセックスの呼びかけを見かけたから取り組むわけじゃない。きみがみずから、きみ自身のために、より安全なセックスをしなきゃならない。

そのためのベストな方法は、なぜセーファーセックスが重要なのかを落ち着いてよく考えることだ。酔っ払ったり、ズボンを下ろしたりしてからじゃ遅すぎる。そのときにはもう冷静な判断なんてできない状態のはずだから、あらかじめ決意しておかなきゃいけない。

セーファーセックスをする理由はたくさんある。そのひとつは、失敗による心配ごとを抱えないためだ。そうすれば、セックスに集中して楽しめるってわけ。しかも、終わったあとだって、なにか起こる心配をしなくてすむんだ。

> 15歳の10人中8人は、直近のセックスでコンドームを使用していた。若い人ほど、セーファーセックスを心がけている。[*2]

教会で出会った天使のような人でも、性感染症にかかっていないとは言えない。無防備なセックスをするということは、無防備なセックスをしたすべての人と寝ることに等しい。きみはその人の過去を、なにひとつ知らないのに。

STI（性感染症）はどうやって感染するの？

人のからだにある粘膜は、外界と体内をつなぐ出入口の役割を果たしている。ふたりが互いの粘膜どうしを接触させると、そこを通じてSTIがもう一方へ感染する可能性がある。また、STIは一方の精液や血液が、もう一方の粘膜に接触した場合にも感染する恐れがある。

セックスに関わる粘膜には、チンコ、マンコ、肛門、口、そして目がある。それらの粘膜を保護することで、HIVを含むほとんどの性感染症から身を守ることができる。

小さな古傷にHIV陽性者の血液がついてしまったり、またはHIV陽性者の血液を吸ったばかりの蚊に刺されてしまったりすると自分も感染してしまう、と思っている人が時どきいる。それに、便座からクラミジアに感染するかもしれないと信じている人もいるけれど、これらの言説はどれも正しくない。性感染症の原因となる微生物は体外では生き残れないため、性行為以外では、心配しなくていい。

＊2　Karin Edgardh, "Adolescent Sexual Health in Sweden," *Sexually Transmitted Infections* 78, no.5 (October 2002): 353.　カーリン・エードガード「スウェーデンにおける思春期の性の健康」（『性感染症』78号、5巻、2002年10月）

セックスをより安全にする方法

　セーファーセックスの方法について、ふたつのレベルで提案したい。

　ひとつめは「安全」なレベル。これはもっとも一般的な感染経路を防ぐための方法と言えるだろう。

　ふたつめは「もっと安全」なレベル。そんなに一般的ではない感染経路をも、より確実に避けるための方法だ。

　きみのセックスが安全、そして、もっと安全になるよう、タイプ別に説明していこう。

ハンドジョブ（手コキ）

安全：ハンドジョブは安全なセックスのひとつであり、HIVに感染することはない。

もっと安全：誰かにハンドジョブをしてあげたときには、その手で目をこすったり、自分の性器に触れたりしないようにする。

女の子へのオーラルセックス

安全：HIVは血液を介して感染する可能性があるため、口や目に経血が入らないよう気をつけること。生理中に女性器をなめたい場合は、コンドームを長方形に切り取りマンコにあててからにしよう。ラップを使ってもいい。

もっと安全：生理中でなくても、コンドームを切ったもの、デンタルダム、ラップを使って行なう。

　コンドームの原料としてよく使われているラテックスにアレルギー反応をおこす人がいる。その場合は、代わりにプラスチック製のコン

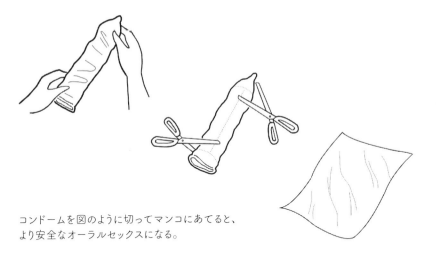

コンドームを図のように切ってマンコにあてると、
より安全なオーラルセックスになる。

ドームを使うといい。ぬくもりが伝わりやすい面もおすすめだ。地元
の薬局などで入手できるだろう。★1

男性とのオーラルセックス

安全：HIVは精液を介して感染する可能性があるため、口や目に精液が入
ってしまわないようにすること。

もっと安全：フェラチオをするときはコンドームを使用し、コンドームを
使用しないときは亀頭を口に含まないようにする。ガマン汁や尿道の接触
から感染するリスクがわずかにある。

フロット

安全：フロットは安全なセックスであり、HIVを感染させることはない。
ただ、フロット中に精液に触れないようにしよう。

もっと安全：フロット中も、コンドームを使用する。

★1　スウェーデンでは学校の看護師からも提供してもらえる。

腟への挿入を伴うセックス

安全：コンドームを使用することで、HIVやクラミジアなどの性感染症から身を守るだけでなく、望まない妊娠も防ぐことができる。ピルやその他の避妊薬は妊娠を避けることができるけど、性感染症は防げない。

アナルへの挿入を伴うセックス

安全：コンドームと、たっぷりのローションを使うべし。ローションがない場合、スキンローションなどで代用するとコンドームが破れる恐れがあるから使わないこと。それでもアナルセックスをしたいなら、唾液を多めに出して代用してもいい。ただし、唾液はすぐに乾いてしまうため、アナルセックスを楽しみたいなら、コンドームとローションを常備しておこう。

HIVとクラミジア

性感染症にはいろいろな種類があるが、中でも特に注意が必要なふたつについて説明しよう。

HIVは免疫系を攻撃するウイルスであり、完治はできない。このウイルスが体内に入ると、数年で免疫システムが非常に低下し、エイズ（後天性免疫不全症候群）を発症する。この段階になると、感染症にかかりやすく、体力的に克服できないために命を落とすリスクがある。

抗レトロウイルス療法というものがあり、HIVに感染しても、エイズの発症を防ぐことができるようになった。この療法の登場により、少なくとも経済力のある国に住んでいる場合、HIVは死に直結する病ではなくなった。抗レトロウイルス療法を受けている人は、体内にあるウイルス量を定期的にチェックする必要がある。治療が成功すると、ウイルスの量がかなり減って、セックスで他の人にHIVを感染させることはなくなる。これは感染不能（untransmittable）なHIV、またはU＝U（Undetectable＝Untransmittable）［検出限界値未満＝感染しない］などと呼ばれている。

クラミジアはHIVほど危険ではないが、非常にありふれた感染症で、無症状の場合も多い。感染に気づかないまま何年もすぎ、それが不妊につながる可能性がある。スウェーデンの若者が不妊になるもっとも多い原因がクラミジアだ。また、クラミジアに感染していると、HIVにも感染しやすくなる。ただし、クラミジアに感染していることがわかった場合、治療は簡単だ。

一般的にHIVを除けば主な感染症は治癒するし、さほど危険な状況には陥らない。STIのほとんどは、おおむね同じような経路で感染する。だからこそセーファーセックスの実践は、すべてのSTIから身を守ることになる。

ただし、セーファーセックスをしていても防ぎきれない感染症もある。ケジラミはそのひとつだ。ケジラミはかゆみを伴うが、それ以外は特に害はない。ほぼ陰部にだけ寄生するケジラミは専用のクリームやシャンプーで取り除くことができる。そしてもうひとつ、セーファーセックスでも予防できないものに、キスなどでうつる口唇ヘルペスという感染症がある。口唇ヘルペスは健康を大きく害するものではなく、症状として、口唇やそのまわりに水ぶくれができるが、感染していても発症しないことが多い。発症した場合には、薬局などで市販されている薬で対処できる。

こういった感染から身を守るためにはできることが限られているので、あまり心配しすぎる必要はないと、ぼくは考えている。それよりもセーファーセックスによって回避できる感染症に注意していくことが大切だ。

練習に勝るものなし

コンドームは、HIV、クラミジア、そして望まない妊娠を避けるために、優れた効果を発揮する。最近では、コンドームを使う人を「まじめくさい」と言って、ダサいというレッテルを貼るヤツらもいる。ただ、コンドームが広く普及しはじめてからまだ100年ほどしか経っていないことをお忘れなく。それ以前は、不特定多数と性的関係をもつ人は、梅毒やその他の感

染症にかかることがよくあったし、性的対象が女性の男性にとっては、セックスを始めるとすぐに父親になる人が多かった時代だ。時代は変わり、コンドームのおかげで、そうした心配をすることなくセックスをできるようになった。また、精液でアレルギーを発症する場合もあるため、そういった人にとっては、どんなセックスのときにもコンドームは絶対に必要だ。

ちなみに、HIV感染を防ぐための薬もある。PrEP（プレップ／曝露前予防内服）と呼ばれる方法（服薬）は、スケジュールを守って服用すれば、性行為によるHIV感染は99％の予防が期待できる[*3]。感染するリスクが高いのであれば、問診を受けて服用してもいいだろう。

ここで、コンドームを使うのは簡単だって言うトーマスを紹介しよう。

「セックス中にコンドームを付けるの、うまくできるようになったよ。自分ひとりでいるときにいっぱい練習したんだ。コンドームを付けてよくオナニーもしたしね。だからセックスをするようになったころには、使いやすいものだってわかったよ」

そんなふうに語るトーマスにとって、一度きりのセックスをするときにコンドームを被せるなんて楽勝だ。しかも最近は極薄タイプを使うようになって、コンドームを付けてないときと変わらない感覚だとも言っている。

そんなトーマスも、コンドームに手間取るときがあるらしい。好きな相手とのセックスのときは、カッコよく見られたいんだって。

「つまらないヤツだって思われたくないし、自分でも情熱的なままでいたいって思うからさ。コンドームをこそこそ出すのって、ちょっと冷めちゃう感じあるじゃん」

コンドームを取り出すときに相手がどう思ってるか心配することはよくある。だけど、ある研究によると、男女問わず、セックスをする相手が率先してコンドームを使用するのは好ましいと考えているそうだ。

ただ、コンドームを使用するうえで、トーマスが気がかりなのは、装着するために中断する、妙な間。

「メイクアウトして、いい感じで勃起して、そのときにコンドームを付

*3　参考文献：アメリカ疾病予防管理センター（Centers for Disease Control and Prevention）
https://www.cdc.gov/hiv/basics/prep/prep-effectiveness.html

けなきゃなんない。そんなとき『コンドーム付けれるほど硬くなってるかな？』ってことが頭をよぎっちゃったなら、もう次の瞬間に、オレのあいつは萎えちゃったりなんかして」

でも、トーマスは、コンドームじゃなくて、自分の意識のほうに問題があるって考えている。だから、この問題を解決するためにふたつのアイディアを生み出した。

「コンドームをさ、相手に付けてもらえばいいんだよ！　うまくいけば、セックスの流れの一部になって、いい感じで雰囲気をキープできるからね。それがひとつめ。もうひとつのアイデアは、コンドームを早めに付けておいて、メイクアウトするんだ。そうすれば、さぁこれから入れるぞっていう直前に、妙な間が空かないからスムースに入れられるってわけ」

トーマスのアイデアを是非真似してほしい。まずはコンドームを付ける練習をしておこう。そうすれば、さぁセックス！　っていうタイミングでも自然にできるようになる。いろんな種類のコンドームを試してみて、ふたりに合うコンドームを見つけるんだ。そして、トーマスが言ったように、セックスの流れの一部としてコンドーム装着を試すといい──できるだけ相手と一緒にね。もし相手がコンドームの付け方に慣れていなかったら、きみからどうやってほしいか見せてあげるのもいいだろう。

セックスが始まってからコンドームがないことに気づいた場合、ハンドジョブやオーラルセックス、またはフロットなど、挿入をしないタイプのセックスにしておけば、あとで心配しなくてすむ。

ステップ・バイ・ステップ：コンドームを装着する

＊コンドームに傷をつけないために、まず中身を片方に寄せる。
＊パッケージの端に切れ目が入っている場合はそこを、縁がギザギ

ザのタイプやどこからでもカットできるタイプは中身を寄せていない側を破いて開封する。切れ端でコンドームを傷つけないように、開けた部分は完全に切り離し、コンドームを取り出す。

＊コンドームには裏表があるので、かぶせる前に確認すること[図①]。コンドームの袋状の部分（精液だまり）に親指を入れ、リング状に巻かれている部分を精液だまりとは逆の方向へ人差し指で少しだけ伸ばしてみると、確認しやすいはずだ。

＊包皮を根元に向かって引っ張り、しっかり下げる。包皮がたるんでいると、コンドームがズレやすくなってしまうからだ。割礼などであまり包皮がなく、コンドームが破れやすい経験がある人は、ローションや唾液を亀頭に少し塗るといい。そうすることで、コンドームが動きやすくなり、破れにくくなる。

＊亀頭にコンドームを置くときは、コンドームの先の精液だまりを、親指と人差し指でつまみながら中の空気をすべて抜く[図②]。コンドームがよく破れてしまう人がいるけれど、それはたいがい、コンドームとチンコのあいだに空気が入ることが原因だ。また、爪や指輪、そして歯などが当たるとコンドームが傷つき、そこから破れてしまうことがあるから注意しよう。

＊コンドームを下ろしていく。ほとんどのコンドームはチンコより数センチ長い。根元まで完全に下ろしたら、親指と人差し指でチンコをコンドームごと上に少し引っ張り、余っている皮を伸ばすようにしてコンドームの残りの部分を根元まで下ろす。コンドームの根元の部分は若干シワが寄っているかもしれないけど、このおかげでピストン運動時に皮と一緒に動くので、はずれにくくなる[図③]。

＊挿入中に射精した場合は、精液が漏れないようすぐにコンドームの根元を押さえて、膣や肛門からペニスをゆっくり抜く。射精後は勃

正しく巻かれている方向　　　間違って巻かれている方向

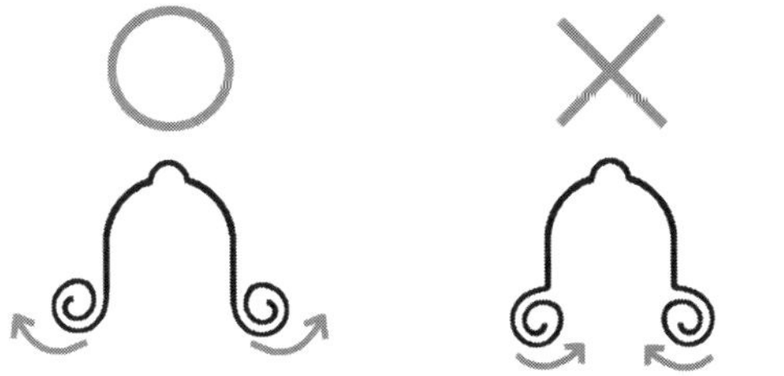

図①　コンドームの裏表

図②　精液だまりをつまんで
空気が入らないようにする。

図③　根元のシワは皮と
一緒に動くから心配ない。

> 起状態がすぐにゆるむので、コンドームをにぎらずに引き抜くと、
> 相手の体内で外れてしまうリスクがあるから注意すること。

性感染症の検査を受ける

　ベッドの上で気をつけるだけでなく、性感染症の検査を定期的に受ける
こともセーファーセックスの一環だ。少なくとも年に1回は検査を受けよ
う。セーファーセックスを続けていたにもかかわらず、性感染症にかかる
こともありうる。でも、定期的な検査を受けていれば、早期発見につなが

り、医師の診察もすぐに受けられるからね。

　時おり、なにかの理由でリスクのあるセックスをしてしまうかもしれない。そんなときは地元の病院に、検査の予約をしてほしい。性感染症にかかっていたとしても、症状が出ない場合も多く、検査を受けない限り健康かどうかはわからないんだ。

　ぼくも、はじめて検査を受けたときのことを覚えている。緊張感ただよう雰囲気の待合室。その場にあった新聞で顔を隠し、息を殺して座って待っていると、すぐに自分の番が来た。

　最初は尿検査。試験管の中におしっこを入れた。検査の前、数時間はおしっこをしないように言われ我慢していたから、ホッとしたのを覚えている。ただ、次の検査は尿道に綿棒を刺すというものだった。本来は看護師が行なう作業だけど、痛みを恐れたぼくは自分でやりたいとお願いしてみた。すると、看護師が説明してくれて、自分でやることができた。棒を刺すのはちょっと痛かったけど、トラウマになるほどではなかったよ。

　看護師はぼくの喉を検査するために綿棒を2本分突っ込んだ。検査の際にはどんなセックスを行なったかを伝えることが重要だ。クラミジアや淋病などのSTIは、ウイルスの感染が予測される場所、つまりチンコや肛門、そして喉などを検査する必要があるからだ。

　最後は、HIV感染を調べるための血液検査だ。

　1週間後、ぼくは検査結果を聞くために、クリニックに出向いた。性感染症にかかっていないことがわかり、ホッとしてクリニックをあとにした。

妊娠

　セックスは一般的にふたりの人間が関わるものだから、安全に行なうためにはその責任を共有する必要がある。女の子に責任を負わせて、コンド

ームの準備や避妊用ピルの服用をお願いしちゃいけない。避妊に対する責任の分担は、ふたりがセックスするときも、そのあとも安心して楽しめる保証につながるんだ。

　セックスをしても、中出ししなければ妊娠しないというヤツもいる。だけど、そんなに単純な話なら、コンドームや避妊用ピルを発明する必要はなかっただろうね。中出し回避法を試みた人の中で、妊娠に至ってしまったという人は5人に1人の割合だ。これは、男性は自分が思っているほど、射精をうまくコントロールできないということを表している。コンドームなしで挿入を伴うセックスをしたいなら、ふたりとも性感染症の検査を受けることを相談して決めるといい。女性はIUD（子宮内避妊器具）など、避妊具の使用を考えてもいいだろう。

　また、妊娠する確率が低いとされる「安全日」があると言われている。生理周期から計算して妊娠しやすい／しにくい時期を予測することは、リズム法やタイミング法と呼ばれている。けれども、この方法で正確なタイミングを測ることは、実際にはそんなに簡単じゃない。女性の月経周期は常に規則的とは限らないし、特に若い女の子はかなり不規則なことが多い。しかも、精子は体内に入ると数日間は生きられるため、セックスの翌日以降に受精する可能性も低くない。安全日を特定してセックスをした4人にひとりが、1年以内に妊娠している。つまり、「安全日」を狙ったセックスは、安全性がかなり低い避妊法ってこと。

　もし、盛り上がってわれを忘れ無防備なセックスをしてしまい、女の子が妊娠を望んでいなかったら、医師に相談のうえ緊急避妊薬（モーニングアフターピル）を服用するか、すぐにIUD（子宮内避妊用具）★2を挿入する必要がある。緊急避妊薬は、性交後72時間以内の服用が望ましいが、早ければ早いほど、妊娠のリスクを下げられる。緊急避妊薬は、妊娠を阻止することしかできない。もし、すでに妊娠状態に入っている場合にはまったく効果がない。

★2　MSDマニュアル家庭版、「緊急避妊」ページの「銅付加IUDの挿入」項には〈無防備な性行為の後、5日以内にIUDを挿入する必要があります。IUD挿入後の妊娠の可能性は0.1％〉とある。（最終査読／改訂年月2018年11月）https://www.msdmanuals.com/ja-jp 閲覧日2021年9月6日

緊急避妊薬のおおよその効果[3]

セックスから24時間以内に服用した場合　　95％

セックスから25〜48時間以内に服用した場合　85％

セックスから49〜72時間以内に服用した場合　58％

　緊急避妊薬は通常の避妊用ピルと服用方法・効果が違うので注意が必要だ。また、月に1回以上服用してしまうと、効果が低下する可能性がある。

　無防備なセックスをしてしまった場合は、ふたりで薬局に行き、ピルの費用を分担して責任を共有するといいだろう[4]。

人工妊娠中絶

　女性が妊娠したとする。その妊娠には彼女と相手の男性が関わったわけだから、その責任はふたりで負っていかなければならない。ただ、妊娠自体は女性のからだの中で起こるものだから、継続するか中絶するかの決定権は女性にある。加えて、妊娠か中絶かどちらを選んでも大きな負担が待ち受けているわけだから、女性の意思が最優先されるべきなんだ。自分の人生を左右する問題を他人が決めるなんて、ほとんどの男性が望んでないだろう。だからこそ、自分の人生をきちんとコントロールする方法として、セーファーセックスはとても重要なんだ。

　女性が中絶という選択をした場合、男性は責任をともに負うべきだ。もし中絶の決断に至ったのなら、きみは彼女にどんなサポートが必要か尋ねてあげよう。もしかしたら彼女は、処置のあいだ、そして回復するまで、きみに付き添っていてほしいかもしれない。彼女の気持ちや考えをそばで気づかいながら、サポートしてあげるといいだろう。

★3　参考資料：日本産科婦人科学会編「緊急避妊法の適正使用に関する指針（平成28年度改訂版）」（妊娠阻止率 LNG群）

★4　スウェーデンのユースクリニックでは、緊急避妊薬を無料で配布している。

もしふたりが交際していた場合、中絶を選んだからといって関係を終わらせなければならないわけじゃない。中絶後も、付き合い続けたカップルを何組も知っている。ただ、中絶に対するきみの態度は、その後の関係性に大きく影響するだろう。

女性の避妊

もしコンドームなしで腟への挿入を伴うセックスをしたい、ただ子どももまだほしくないという場合は、女性側の避妊が必要となる。その人に合った、避妊方法がいろいろあるから、医師に予約を入れて相談し、アドバイスしてもらうといい★5。経口避妊薬を服用するには、女性の体質に合ったものを探すために、数種類の避妊方法を試さないとならないこともある。

コンドームに代わる方法に、問題がないわけではない。方法によっては、頭痛、性欲減退、ニキビなどの副作用が起こり、血栓症の危険性もわずかながらある。こういった理由から、女性側がコンドームの代わりの避妊に積極的になるとは限らないんだ。

責任

最初は、コンドームについて考えたり検査を受けたりすることは、めんどうに思うかもしれない。しかも10〜20代くらいって、セックスへの欲求が激しかったり、お酒を飲む機会も増えたりして、思い通りにいかない場面もあるだろう。

だけど、長い目で見れば、めんどうなあれこれが、後悔や心配のないセックスにつながるって気づくはずだ。自分のことは自分で決めていくこと、そして自分のセックスに責任をもつことは、自分のこころとからだの健康につながる。この責任をしっかりと背負えたときはじめて、真の大人への一歩を踏み出したと言えるだろう。

★5　スウェーデンでは学校に常駐する看護師、またはスクールカウンセラーにも相談できる。

性的同意について

スウェーデンの場合

【刑法】第6章

第1条 レイプ

自発的に参加していない者と性交をし、または侵害の重大性から鑑み性交と同等と認められる性的行為を行った者は、レイプ罪として2年以上6年以下の拘禁刑に処する。相手方が自発的に性的行為に参加しているか否かの認定にあたっては、言語、行動その他の方法によって、自発的関与が表現されたか否かに特別の考慮が払われなければならない。

以下の場合は、自発的関与があると認定することは許されない。

1. 襲撃、暴行、犯罪行為・他の犯罪に関する刑事告訴や不利益な情報提供に関する脅迫の結果として性的行為に参加した場合

2. 無意識、睡眠、深刻な恐怖、酩酊その他の薬物の影響、疾患、身体障害、精神障害もしくはその他の状況により特別に脆弱な状況に置かれていた状況を行為者が悪用した場合、暴行・脅迫・全体状況に照らし、犯罪が深刻でないと判断された場合は、行為者を4年以下の拘禁刑に処する。

3. 相手方が行為者に依存する関係にあることを濫用して、相手に性的行為に参加させた場合、暴行・脅迫・全体状況に照らし、犯罪が深刻でないと判断された場合は、行為者を4年以下の拘禁刑に処する。

第1条A 過失レイプ罪

第1条の罪を犯した者が、相手が自発的に参加していなかったことについての注意を著しく怠った場合、過失レイプ罪として4年以下の拘禁刑に処す。但し行為が状況に照らし深刻でないと認められる場合は、加害者の刑事責任は問われない。

＊出典：国際人権NGOヒューマンライツ・ナウ「10か国調査研究 性犯罪に対する処罰 世界ではどうなっているの?」

ポイント

スウェーデンでは2018年にレイプ罪が法改正され、性的行為をするにあたっては自発的参加を必要とすることが基本となった。これによ

って、被害者が「イエス」と言わない限り、不同意によるレイプとみなされることになり、暴行・脅迫等がなくてもレイプが成立する。また、酔っていた、ドラッグの影響があった、眠っていたなど、被害者の抵抗できない状況が濫用されたことを証明する必要もなくなった。

日本の場合

【刑法】（強制性交等）第百七十七条
十三歳以上の者に対し、暴行又は脅迫を用いて性交、肛門性交又は口腔性交（以下「性交等」という。）をした者は、強制性交等の罪とし、五年以上の有期懲役に処する。十三歳未満の者に対し、性交等をした者も、同様とする。

【刑法】（準強制わいせつ及び準強制性交等）第百七十八条
人の心神喪失若しくは抗拒不能に乗じ、又は心神を喪失させ、若しくは抗拒不能にさせて、わいせつな行為をした者は、第百七十六条の例による。
２　人の心神喪失若しくは抗拒不能に乗じ、又は心神を喪失させ、若しくは抗拒不能にさせて、性交等をした者は、前条の例による。

ポイント

日本では、レイプ（強制性交等）が成立するためには、暴行脅迫等の立証が必要だ。不同意であっても「激しく抵抗した」と認められなければ暴行脅迫を立証できない判例も多い。また、被害者に抵抗する能力がなかった場合（心神喪失や抗拒不能）も同様に立証の必要がある。これにより「訴えても無駄だ」という無力感を被害者に与え、泣き寝入りすることが多いため、性被害当事者団体などは、不同意性交を性犯罪とする刑法見直しを求めている。その結果、刑法改正を議論する法制審議会が2021年10月にスタートし、暴行・脅迫要件、心神喪失・抗拒不能の要件の見直しが議題のひとつとなっている。

性交同意年齢について

性交同意年齢とは、性行為に同意する判断能力があるとされる年齢だ。この年齢に達していない相手と性交すると「同意した／同意していない」にかかわらず犯罪になる。

スウェーデンの場合

1.　15歳未満の子どもと性交ないし侵害の重大性に鑑み性交と同等と認められる性的行為を行った者は、子どもに対するレイプ罪として、2年以上6年以下の拘禁刑に処する。

2.　第1項15歳から18歳未満で、行為者の子や孫、養子ないし里子、公的機関の決定に基づき養育と監督を行う者にある子どもに対し、第1項の罪を犯した者も、子どもに対するレイプ罪として同様の刑に処する。

ポイント

性的自立(性交同意年齢)は15歳と規定されている。子どもに対する性的行為を行った罪については、「子どものレイプ」など、別の項目として規定され、子どもに関しては「同意」の有無は関係ない。

日本の場合

【刑法】(強制わいせつ) 第百七十六条
十三歳以上の者に対し、暴行又は脅迫を用いてわいせつな行為をした者は、六月以上十年以下の懲役に処する。十三歳未満の者に対し、わいせつな行為をした者も、同様とする。

【刑法】(強制性交等) 第百七十七条
十三歳以上の者に対し、暴行又は脅迫を用いて性交、肛門性交又は口腔性交(以下「性交等」という。)をした者は、強制性交等の罪とし、五年以上の有期懲役に処する。十三歳未満の者に対し、性交等をした者も、同様とする。

ポイント

刑法が制定された1907年（明治時代）から性交同意年齢は13歳となっており、13歳以上の未成年者が成人からの被害を訴える場合、暴行脅迫があったと立証しなければならない。また、現在の日本では義務教育課程で性交によってなにが起きるのかを指導できず、未成年者が性交に対し適切な判断をするのが困難となっている。被害当事者団体がアドボカシー活動を行なった結果、2021年10月にスタートした法制審議会で、同意年齢の引き上げも議論されることとなった。

[参考資料]
一般社団法人Spring「見直そう！刑法性犯罪」
スウェーデン大使館「A sexual offence legislation based on consent 同意に基づく性犯罪規定」

みんなの性に関わる日本の法律

スウェーデンと日本では性に関わる法律が異なる。ここでは、本書で紹介した未成年の性行動や性被害に関係がある日本の法律を紹介しておく。

◆わいせつ行為・痴漢など

【刑法】（強制わいせつ）第百七十六条
十三歳以上の者に対し、暴行又は脅迫を用いてわいせつな行為をした者は、六月以上十年以下の懲役に処する。十三歳未満の者に対し、わいせつな行為をした者も、同様とする。

【児童虐待防止法】（児童虐待の定義）第二条
この法律において、「児童虐待」とは、保護者（親権を行う者、未成年後見人その他の者で、児童を現に監護するものをいう。以下同じ。）がその監護する児童（十八歳に満たない者をいう。以下同じ。）について行う次に掲げる行為をいう。

一　児童の身体に外傷が生じ、又は生じるおそれのある暴行を加えること。

二　児童にわいせつな行為をすること又は児童をしてわいせつな行為をさせること。

［定義三、四は省略した］

（児童に対する虐待の禁止）第三条　何人も、児童に対し、虐待をしてはならない。

【軽犯罪法】第一条

左の各号の一に該当する者は、これを拘留又は科料に処する。

五　公共の会堂、劇場、飲食店、ダンスホールその他公共の娯楽場において、入場者に対して、又は汽車、電車、乗合自動車、船舶、飛行機その他公共の乗物の中で乗客に対して著しく粗野又は乱暴な言動で迷惑をかけた者

✦露出行為など

【刑法】（公然わいせつ）第百七十四条

公然とわいせつな行為をした者は、六月以下の懲役若しくは三十万円以下の罰金又は拘留若しくは科料に処する。

✦のぞきなど

【軽犯罪法】第一条

左の各号の一に該当する者は、これを拘留又は科料に処する。

二十三　正当な理由がなくて人の住居、浴場、更衣場、便所その他人が通常衣服をつけないでいるような場所をひそかにのぞき見た者

✦わいせつな発言や噂など

【刑法】（名誉毀損）第二百三十条

公然と事実を摘示し、人の名誉を毀損した者は、その事実の有無にかかわらず、三年以下の懲役若しくは禁錮又は五十万円以下の罰金に処する。

✦アプリ、セクスティング、画像・動画撮影など

【児童買春禁止法，児童ポルノ禁止法】（児童ポルノ所持、提供等）第七条

自己の性的好奇心を満たす目的で、児童ポルノを所持した者（自己の意思に基づいて所持するに至った者であり、かつ、当該者であることが明らかに認められる者に限る。）は、一年以下の懲役又は百万円以下の罰金に処する。自己の性的好奇心を満たす目的で、第二条第三項各号のいずれかに掲げる児童の姿態を視覚により認識す

ることができる方法により描写した情報を記録した電磁的記録を保管した者（自己の意思に基づいて保管するに至った者であり、かつ、当該者であることが明らかに認められる者に限る。）も、同様とする。

2　児童ポルノを提供した者は、三年以下の懲役又は三百万円以下の罰金に処する。電気通信回線を通じて第二条第三項各号のいずれかに掲げる児童の姿態を視覚により認識することができる方法により描写した情報を記録した電磁的記録その他の記録を提供した者も、同様とする。

3　前項に掲げる行為の目的で、児童ポルノを製造し、所持し、運搬し、本邦に輸入し、又は本邦から輸出した者も、同項と同様とする。同項に掲げる行為の目的で、同項の電磁的記録を保管した者も、同様とする。

資料

【リベンジポルノ規制法】（私事性的画像記録提供等）第三条
第三者が撮影対象者を特定することができる方法で、電気通信回線を通じて私事性的画像記録を不特定又は多数の者に提供した者は、三年以下の懲役又は五十万円以下の罰金に処する。

2　前項の方法で、私事性的画像記録物を不特定若しくは多数の者に提供し、又は公然と陳列した者も、同項と同様とする。

3　前二項の行為をさせる目的で、電気通信回線を通じて私事性的画像記録を提供し、又は私事性的画像記録物を提供した者は、一年以下の懲役又は三十万円以下の罰金に処する。

【出会い系サイト被害防止法】第二章　児童に係る誘引の禁止　第六条
何人も、インターネット異性紹介事業を利用して、次に掲げる行為（以下「禁止誘引行為」という。）をしてはならない。

一　児童を性交等（性交若しくは性交類似行為をし、又は自己の性的好奇心を満たす目的で、他人の性器等（性器、肛門又は乳首をいう。以下同じ。）を触り、若しくは他人に自己の性器等を触らせることをいう。以下同じ。）の相手方となるように誘引すること。

二　人（児童を除く。第五号において同じ。）を児童との性交等の相手方となるように誘引すること。

三　対価を供与することを示して、児童を異性交際（性交等を除く。次号において同じ。）の相手方となるように誘引すること。

四　対価を受けることを示して、人を児童との異性交際の相手方となるように誘引

すること。

五　前各号に掲げるもののほか、児童を異性交際の相手方となるように誘引し、又は人を児童との異性交際の相手方となるように誘引すること。

＊ここで紹介した法律以外にも、都道府県で定められている「迷惑防止条例」に該当する行為には、懲役や罰金が科される。

＊各法律の全文は「e-GOV法令検索」で閲覧できる。

問い合わせ窓口リスト

◉ 性のお悩み

セイシル

TENGAヘルスケア運営の、ティーンの性のモヤモヤに、50名以上の専門家たちがともに考えアドバイスする性教育サイト。妊娠や避妊、包茎、LGBTQなど性に関する情報が網羅され、サイトから悩みを相談することもできる。性知識の特集ページと、ティーンから届いた悩みに応えるモヤモヤ相談室のページを展開している。

https://seicil.com/

◉ 性犯罪に関すること

性犯罪・性暴力被害者のためのワンストップ支援センター

内閣府男女共同参画局のホームページで各都道府県の性犯罪・性暴力に関する相談窓口を確認できる。産婦人科医療やカウンセリング、法律相談などの専門機関とも連携しているので、困ったときに連絡してほしい。緊急の場合は全国共通の「#8891」に電話しよう。

https://www.gender.go.jp/policy/no_violence/seibouryoku/consult.html

警視庁 性犯罪被害相談電話全国共通番号

「＃８１０３（ハートさん）」

https://www.npa.go.jp/higaisya/seihanzai/seihanzai.html

●ＬＧＢＴＱ＋

 一般社団法人にじーず
札幌・池袋・埼玉・京都・神戸・岡山で10代から23歳までのLGBT（かもしれない人を含む）が集まれるオープンデーを定期開催。
https://24zzz-lgbt.com/

 名古屋あおぞら部
名古屋で高校生・大学生を中心に、2カ月に一度のペースで当事者とアライの交流会を開催。
https://asta.themedia.jp/posts/20658738

 FRENS
福岡を中心に、24歳以下のLGBTQ＋の子ども・若者をサポート。交流会や電話相談を行なう。
https://www.frenslgbtq.com/

 NPO法人LGBTの家族と友人をつなぐ会
神戸、東京、名古屋、福岡を中心に、当事者・友人・家族をつなぐサポート活動を行なう。
http://lgbt-family.or.jp/

 （認定）特定非営利活動法人SHIP
セクシュアルマイノリティの人びとが、自分らしく心身共に健康に暮らせ、多様性が尊重される社会の実現を目指す。交流会や相談も行なう。
http://ship-web.com/

●おすすめ動画

［性教育YouTuber］シオリーヌ YouTubeチャンネル
助産師シオリーヌによる動画配信。性の正しい知識を明るく楽しく学べる。
https://www.youtube.com/channel/UC4bwpeycg4Nr2wcrV9yC8LQ/

訳者あとがき

　「スウェーデンの性教育に関する本があるのですが、翻訳をお願いできますか？」と聞かれたとき、「やります！」と僕が即答したのには理由があった。さかのぼること2008年の春、下積み役者だった僕はちゃんと出演料が支払われる舞台のオーディションに受かり、稽古に励んでいた。現在スウェーデンに住んでいる僕はそのころ、東京の小劇場の舞台に立っていたのだ。その戯曲のタイトルは「愛ってなに？」（原題：*Was heißt hier Liebe?*）という、1970年代の西ドイツで初上演された青少年向けの性教育の芝居だった。その舞台上では、高校生役の男女が自身のからだや性、セックスの悩みを吐露し、それに対して司会者役の男女が大人の立場でアドバイスをしていくというもの。僕はその「司会者・男」役であった。舞台上では、若いふたりが出会い、お互いの存在が気になりはじめるところから声をかけデートに発展、キスやセックスをするようになるけどうまくいかない様子などが描かれ、その度に司会者はそのコツを教える。STIや避妊についても観客席の高校生に向けて語り、同性愛についてもおかしなことじゃないと司会者の僕は高校生役の男の子とキスをして見せた。その芝居の公演が終わったころには、当時27歳だった僕のセックスはまったく違うものになっていた。学ぶべきことがたくさんあったし、セックスを本当の意味で楽しめるようになった。それと同時に、自分はセックスについてなにも知らなかったということ、なにも教わってこなかったということにも気づかされた。そんな僕の過去を知らなかった編集者から、本書の翻訳依頼がきたということは運命としか思えなかった、と言ったら大袈裟だろうか。ドイツの性教育を日本に伝えた13年後、スウェーデンの性教育を

日本に伝えることになろうとは。少なくとも僕は目に見えない運命を感じ、
脊髄反射のような返事をしたわけだ。

　もちろん、実際にはきちんと内容をすべて読ませてもらってから正式な
お返事をしたわけだが、実際に翻訳に取り掛かると、あの芝居と共通する
内容が多いことに気づいた。観客席に座る高校生たちに語りかけた舞台か
らの景色が自然と蘇り、翻訳作業を進める大きな助けとなった。愛とセッ
クスはお互いのからだとこころを少しずつ知っていくものだということ。
そしてそれは自転車の練習をするのと同じように、幾度も失敗してうまく
なっていくものだということ。そして相手ときちんと向き合い、自分のし
たいこととしたくないことを、お互いが正直に伝え合うということ。それ
らは、70年代の「愛ってなに？」と、2010年に書かれたこの『Respekt』の
両方で共通するメッセージだったと思う。しかし、一点大きな違いがある。
本書は男の子向けに書かれているということだ。それは、その40年の間
に変化した社会の動きが影響しているだろう。

　　自分のことを尊重してほしいと思うなら、きみがしてほしいことを相
　手にしてあげればいい。ただ、その相手が女の子となると、ちょっと違
　ってくる。
　　それはなぜか。社会における女性はいろんな面において力が弱く、リ
　スペクトなしに扱われることがよくあるからだ。(本文108ページより)

リスペクトという言葉が、あの戯曲で使われていたか記憶が定かではな
いのだが、基本的にはお互いの存在と意見を尊重することの大切さを説い
てはいた。平等にだ。ただ、本書においては平等であることはもちろんの
こと、社会における男女間の構造的差別の存在を若者にもわかりやすく説
明し、それを理由として集団における男性側が、プラスアルファの努力を
しなければならないことを説明している。これは平等であることを確認す
るだけではなく公平であるべきだというメッセージだ。平等と公平はスウ

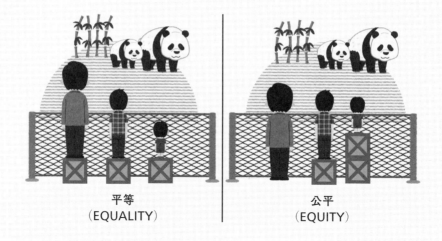

平等
（EQUALITY）

公平
（EQUITY）

　ェーデンの社会において非常に重要であり、現在5歳になる息子が通う就学前学校でも、絵本などを使い子どもたちにその重要性を説いている（パンダのイラストを見てもらうと、平等と公平の違いをよく理解できると思う）。日本的に表現すれば「男性は下駄を履かされている。その下駄を脱がなければ公平とは言えない」とすればわかりやすいだろうか。とにかく、現代のスウェーデンで生まれたこの本が、そこに重きを置いて書かれたことは必然と言えるだろう。

　だからと言って、スウェーデンでは、完璧で理想的な社会が出来上がっているわけではない。本書の中に出てくる悩める若者たちの声はその代表であるし、僕が住む人口7.5万人の街でもあちこちに反同性愛のビラが貼られているのを見たことがある。また移民の急増により、自分のルーツとスウェーデンの文化や習慣の違いで悩む若者も多い。日本においては、スウェーデンはその福祉政策やジェンダー平等などの評価が高く、桃源郷のような社会を思い描いている方が多いようだが、それが本当だったとしたら、本書は生まれなかったであろう。スウェーデンでもこの本が、いまだに必要とされているのだ。だから、この本を手に取ったあなたが、「日本

にはこの本はまだ早すぎる」なんて思わないでほしい。スウェーデンの若者も、日本の若者も、同じような悩みを抱えているのだから。

遅くなったが本書について少し説明したい。スウェーデンは長い間、ジェンダーに関する研究において先進的な国であり、学校での性教育は1955年以来義務付けられている。原書『Respekt』は2010年にスウェーデンで出版されて以降、男の子に向けた性教育のための、時代に即したわかりやすいガイドブックとして高い評価を受けてきた。その後、スマートフォンの登場や、2017年の同意法の制定など、時代の変化に応じ2018年には改訂版が刊行されたのだが、性的同意について全世界に一石どころか何石も投じた#MeToo運動の盛り上がりが2017年ごろだということを考えると、それ以前からこの本が存在していたことは、スウェーデン社会がいかに構造的差別にいち早く気づいていたかをうかがい知れる。本書は2021年12月現在、世界16ヵ国語で翻訳刊行されている。

本書が刊行されたスウェーデンをはじめとする北欧各国の性教育は進んでいるという評判も承知しているが、家庭の中では少し様子が違うのも事実だ。現在ティーンエージャーの子をもつ親たちが僕のまわりにもいるが、彼・彼女らが若いときに親と面と向かって性の話をしたかというと、それはやっぱり恥ずかしいことだったと言うし、自分たちも今どうやって子どもに教えればいいか悩んでいるとも言う。これは、日本でも同じことではないだろうか。性の話を子どもとどう語り合えばいいというのか？

僕が本書を翻訳する際に心がけていたこと、それがひとつのヒントになるかもしれない。それは、先述した舞台「愛ってなに？」の稽古中に、ペーター・ゲスナーというドイツ出身の演出家に、耳にタコができるほど言われたことだった。

「正直に。そして、恥ずかしがらないで！」

稽古中、若い俳優同士が台本にあるとはいえセックスの話をするとなると、はにかんでしまったり途端に声が小さくなってしまっていた。それはもちろん自然なことではあったのだが、教える立場の大人が恥ずかしがる

と、若者はセックスについて語ることを恥ずかしいものと思ってしまう。正々堂々と包み隠さずに話すことで、それがとても大切なことだと若者は気づいてくれるのだと。チラ見せのほうが、エロチシズムを感じるというのを聞いたことがある方も多いだろう。性教育というのはエロチシズムを教えるものではないから、チラリではなく堂々といくのがいいのだ（本書にもある通り、もちろんプライバシーとの境界を見定めるのは、言わずもがな）。

　こうして自分でも思いがけず、性教育に関わる仕事に縁があったわけだが、それは僕自身の人生に、性生活以外にも多大な影響を与えた。大多数の人間は社会の中で暮らしていて、他者とのコミュニケーションが不可欠だが、セックスというのは人間の数あるコミュニケーションの中でももっとも親密で距離が近く、からだとこころが複雑に絡み合う行為だ。それについて僕は深く考え、学び、実践し、時には失敗もしたが、そこから何かを得てきたと思う。またその中で、相手のからだやこころ、存在自体をリスペクトしていくことも学べたと思うが、それは結局のところ他のすべてのコミュニケーションに通じることだった。セックスの相手だけでなく、普段の生活の中で他者と共存していくために、必要なスキルや考え方の根幹にあるのがリスペクトなのだと思う。

　近づきたい相手とは焦らずに時間をかけ、リスペクトを込めて少しずつ距離を縮めていく。相手を尊重し、自分も尊重され、お互いに大切な存在であることを確認する。また、相手の意見を尊重するということは、相手の意見の言いなりになることではなく、時には別れも必要となる。失敗を重ねながら、でも成長を繰り返す。そんなことが学べる本書は、セックスのバイブルではなく、人生においてのバイブルになるのではないだろうか。若者だけでなく、すでに大人を迎えた方にも「まだ遅くないですよ」とおすすめしたい。

2021年11月　みっつん

著者

インティ・シャベス・ペレス Inti Chavez Perez

スウェーデン・イェーテボリ在住の作家、性教育者。ジャーナリスト
を経て、平等・セックス・セクシュアリティにかんする問題に専念す
るようになる。10代の若者向けに学校等で性にまつわる授業や、助
産師・教師・政府関係者向けの講義を行なう。男子の性暴力、LGB
TQ＋、名誉暴力（主に女性に対する慣習的な性暴力）などの問題
に取り組む専門家として、スウェーデン政府から任命される。MUCF
（スウェーデン青少年市民社会庁）の諮問委員会メンバー。

©Anna Svanberg

訳者

みっつん

名古屋市生まれ。2011年、スウェーデンの法律の下、結婚。同年、
夫リカとともに東京からロンドンへ移住。2016年、サロガシー（代理
母出産）により男児を授かったのを機に、夫の出身地であるスウェー
デン、ルレオに移住、現在にいたる。ブログ「ふたりぱぱ」で、サロガ
シーの経験や子育て日記を綴ったり、動画やSNSなどでその普段の
様子をシェアしている。著書に『ふたりぱぱ：代理母出産の旅に出
る』（現代書館、2019年）がある。
YouTube「ふたりぱぱチャンネル」

医療監修者

重見大介 Daisuke SHIGEMI

産婦人科専門医／公衆衛生学修士
2010年に日本医科大学を卒業。その後大学病院や市中病院で産
婦人科医として臨床に従事する。
公衆衛生学を学ぶため、2018年に東京大学大学院公共健康医学
専攻を卒業。同年4月より東京大学大学院博士課程に在籍し、主
にヘルスケアビッグデータを用いた臨床疫学研究に従事している。
また、並行して産婦人科領域の遠隔健康医療相談サービス「産婦
人科オンライン」の代表を務める。このほか、「女性の健康と社会課
題」を活動の軸とし、包括的性教育に関する講演や執筆、HPVワク
チン啓発プロジェクト（みんパピ！）、Yahoo!ニュース個人オーサー、
SNSでの情報発信等で活動している。

Respekt - En sexbok för killar
Copyright ©2010, 2018 by Inti Chavez Perez
Japanese translation rights arranged with AHLANDER AGENCY
through Japan UNI Agency, Inc.

RESPECT 男の子が知っておきたいセックスのすべて

2021年12月10日　第1版第1刷発行
2022年10月　1日　第1版第3刷発行

著者……………………………………インティ・シャベス・ペレス
訳者……………………………………みっつん
医療監修者……………………………重見大介
発行者…………………………………菊地泰博
発行所………………………………株式会社現代書館
　　　　　　　〒102-0072 東京都千代田区飯田橋3-2-5
　　　　　　　電話 03-3221-1321　FAX 03-3262-5906
　　　　　　　振替 00120-3-83725
　　　　　　　http://www.gendaishokan.co.jp/
印刷所……………………………平河工業社(本文)
　　　　　　　東光印刷所(カバー・表紙・帯・別丁扉)
製本所……………………………鶴亀製本

イラスト………………………………ボブa.k.aえんちゃん
ブックデザイン……………………………伊藤滋章

校正協力：高梨恵一
©2021 futaripapa.com　Printed in Japan
ISBN978-4-7684-5911-9
定価はカバーに表示してあります。
乱丁・落丁本はお取り替えいたします。

はじめに

まわりを見渡してみると、「頑張っている女性が本当に多いなあ」と日々感じます。たくさんの仕事を抱えながら、子育てや家事にフル活動。そんな中でもこまめに情報収集して、おしゃれやメイクに手を抜かず、旅行や会食などのプライベートも充実させていて。SNSなどで、いろんな人の暮らしや仕事を垣間見られる機会が増えたからでしょうか。「たくましい」という言葉が似合う、タフな女性が多くなったような気がしています。

かくいう私も「頑張ることは、いいことだ」という価値観で育ち、大人になってもそれを引っ張ってずっと過ごしてきたように思います。けれどそんな「頑張りモード」も、からだとこころを置いてきぼりにして続けると、必ずしわ寄せが出てきてしまうもの。何だかいつも疲れていて、どこかしらからだの不調を抱えていたり、自分の軸がどこにあるのか分からなくなって、急に不安にかられたり。寝ても休んでも、疲れや

2

からだと
こころを
整える

女性の不調を
やわらげる
暮らしのコツ
100

田中のり子 編著

砂原文 写真